KB167556

Un sentito ringraziamento
al prof. Agamben per aver
gentilmente acconsentito alla
presentazione in Corea de
L'uomo senza volto e *Il diritto
di resistere*.

Moonjung Park
Hyohyung Publishing Company

저항할 권리

저항할 권리

우리는 어디쯤에 있는가

조르조 아감벤

박문정 옮김

효형출판

들어가며

코로나 팬데믹에 관한 아감벤의 담론이 책으로 엮이기까지

조르조 아감벤 × 박문정

🖂 2021년 2월 8일 (월) 오후 3:52

아감벤 교수님께

저는 서울에 있는 한국외국어대학교 이탈리아어과에서 강의를 하고 있는 박문정이라고 합니다. 동 대학교 외국문학연구소에서 연구교수로 재직하고 있습니다. 이미 20세기에 끝난 담론이라고 여겨지던 지식인과 작가들의 역할에 주목한 안토니오 타부키에 관한 논문으로 2016년 피렌체대학교와 본대학교, 소르본 4대학에서 공동 박사 학위를 받았습니다. 그 후 한국으로 돌아와 학생들을 가르치기 시작했습니다.

이후 저는 한국에서 교수님과 교수님의 철학을 향한 많은 관심을 직접 확인했습니다. 수업 중에 교수님의 책을 여러 번 참고하기도 하였고, 몇 주 전에 코로나-19 바이러스에 대한 글을 기반으로 한 논문을 쓰기도 했습니다. 전 세계가 그렇듯이 한국에서도 의료계는 물론 인류학·인문학 분야에서도 팬데믹 논의가 활발합니다. 많은 지식인이 이 유례없는 상황을 분석하기 위해 교수님의 이름과 철학을 언급하지만, 안타깝게도 주로 영어에서 한국어로 번역된 것뿐입니다.

이런 이유로 저는 효형출판과 협의하여 교수님의 최근 글들을 다른 언어를 거치지 않고 한국어로 번역하고자 합니다. 출판사 편집자도 이탈리아어를 공부했으며, 문화학과 현대철학에서 당신의 중요성과 영향력을 잘 알고 있습니다.

저희는 쿠오드리베트 웹사이트에 게재된 다음 스물네 꼭지의 글을 출간하고 싶습니다.

[…]

이 글들을 엮어 출간할 수 있다면 교수님의 글을 직접 번역한 첫 번째 책이 될 것입니다. 아시다시피 한국에는 이미 많은 교수님의 책이 소개됐지만, 모두 이중 번역을 거쳤습니다.

저작권을 요청하기 위해 쿠오드리베트 담당자에게 연락했더니 이메일 주소를 전해주며 연락하라고 알려줬습니다. 따라서 교수님께서 웹사이트에 쓰신 스물네 꼭지의 글에 관한 한국어 번역 허가와 저작권에 대해 문의드립니다.

번거로우시지 않길 바라며 회신을 기다립니다.

박문정

✉ 2021년 2월 8일 (월) 오후 6:24

친애하는 박문정 님께

저는 우리가 겪고 있는 정치적 전염병으로 이익을 얻을 의도가 없기 때문에 별도의 비용 지불 없이 제 글을 번역하고 출판할 수 있는 권한을 드립니다.

저는 2021년 6월 발행 예정인 『우리는 어디쯤에 있는가?: 정치로서의 전염병(A che punto siamo : L'epidemia come politica)』이라는 제목으로 이와 관련한 첫 번째 책을 만들었습니다. 여기 담기지 않은 글과 귀하가 문의한 글도 포함된 한국어판은 원서 제목을 그대로 사용하길 권합니다. 또, 마지막 글(「밤은 무슨 색인가」)은 빼고 제가 첨부한 이탈리아판의 서문 「경고(Avvertenza)」가 책 초반부에 오면 좋겠습니다.

행운을 빕니다. 그리고 계속 연락합시다.

조르조 아감벤

🖂 2021년 2월 8일 (월) 오후 9:33

아감벤 교수님께
번역 및 출판 허가에 감사드립니다. 교수님의 글을 한국어로 소개하게 돼 매우 기쁘고 영광입니다.

교수님께서 코로나-19 바이러스에 대해 쓰신 글로 논문을 작성하면서 대부분을 이미 번역했습니다. 2월까지는 모든 작업을 마칠 수 있을 것 같은데 출판사에서는 3월 말쯤 편집을 진행할 수 있다고 합니다. 그리고 「밤은 무슨 색인가」를 제외하고 대신 「경고」를 서문으로 넣겠습니다. 다시 한 번 감사드립니다. 중간 과정을 업데이트하겠습니다.

박문정

✉ 2021년 6월 22일 (화) 오후 9:43

아감벤 교수님께

마침내 한국에서 팬데믹에 관한 교수님 글의 번역서가 나왔다는 것을 알려드리게 되어 매우 기쁩니다. 6월 25일 정식 출간됩니다.

서울대학교 강우성 교수·경희대학교 이택광 교수·한국예술종합학교 남수영 교수 등 세 분의 추천사를 받을 수 있었습니다. 교수님의 철학은 한국에서 많이 연구되고 논의되기 때문에 한국의 가장 중요한 현대철학자와 문화비평 전문가들이 기꺼이 당신의 글에 대한 추천의 글을 작성해 주었습니다.

제가 처음 교수님께 편지 썼을 때 「전염병의 발명」부터 「리히텐베르크의 예언」까지 넣는다고 했습니다. 하지만 출판사와 상의해 「몇 가지 데이터(Alcuni dati)」는 이탈리아에 대한 데이터이기 때문에 넣지 않기로 했습니다. 그리고 「경고」는 서문이 아닌 첫 번째 글로 넣었습니다. 출판사와 저는 이 글 자체에 담론이 있다고 생각했기 때문입니다. 이에 「경고」의 제목을 「거대한 전환」으로 바꾸었습니다. 그리고 「가이아와 크토니아」는 한국 독자들에게 다소

길고 어려운 내용을 담고 있어 셋으로 나누었습니다. 따라서 책의 목차는 다음과 같습니다.

[…]

책 제목은 많은 고민 끝에 『얼굴 없는 인간』으로 정했습니다. 교수님께서 제안한 대로 하고 싶었지만, 출판사에서 원제가 다소 추상적으로 들린다며 설득했습니다. 그래서 저희는 『얼굴 없는 인간』이라는 한국어 제목에 원제 『A che punto siamo』를 넣기로 했습니다.

표지 파일을 첨부합니다. 주소를 알려주시면 한국어판을 보내드리겠습니다. 다시 한 번, 번역 허가에 진심으로 감사드립니다. 다른 소식이 있으면 연락 드리겠습니다.

박문정

🖂 2022년 6월 13일 (월) 오후 5:14

아감벤 교수님께

교수님, 잘 지내고 계신지요? 건강하고 평안하시길 바랍니다. 효형출판이 당신의 책 『피노키오(Pinocchio)』(2021)의 판권 계약을 에이전시와 체결했다고 합니다. 이 소식을 알려드려 매우 기쁩니다. 올해 안에 한국어판이 출간될 수 있으리라 믿습니다. 이 번역도 맡게 되어 영광입니다.

지난해 출간된 『얼굴 없는 인간』이 지식인들 사이에서 수많은 토론을 불러일으켰다는 걸 말씀드리고 싶습니다. 책에 실린 글에 대한 상당한 관심 덕에 쿠오드리베트 웹사이트에 게시한 글들, 특히 백신과 그린 패스 문제를 다룬 글에 대한 추가 번역 요청이 많이 있었습니다.

이와 관련하여 이미 쿠오드리베트 사이트에 게재된 교수님의 글 중 일부를 한국어로 번역할 수 있도록 허락해 주실 것을 다시 한 번 부탁드립니다. 출판사는 또 효형출판이 될 것입니다. 번역하고자 하는 글은 다음과 같습니다.

[…]

새 책의 시작 부분에 한국 독자들을 위한 짧은 인사말과 해설을 보내주시면 정말 기쁠 것 같습니다.

가까운 시일 내에 직접 뵙고 인사드릴 수 있길 바라며, 서울에서 진심을 담은 인사를 보냅니다.

박문정

🖂 2022년 6월 13일 (월) 오후 6:31

친애하는 박문정 님께
제 책 『피노키오』가 한국어로 번역된다니 기쁘네요. 백신과 그린패스에 관한 책의 경우, 『얼굴 없는 인간』의 새로운 확장판으로 보는 게 적절할 것 같습니다. 이전 글들과 연결되도록 말이죠. 저는 최근에 「저항권에 관하여」라는 글을 쿠오드리베트 웹사이트에 올렸습니다. 이 글도 검토 바랍니다.

반면, 「디터 콥 퇴장(Exit Dieter Kopp)」이라는 글은 다른 글들과 이질적이며 현 상황과 크게 관련이 없습니다.

조르조 아감벤

🖂 2022년 8월 12일 (금) 오후 4:02

아감벤 교수님께

교수님, 잘 지내고 계신지요? 제가 앞서 말씀드린 것처럼 『얼굴 없는 인간』의 후속작 번역이 끝났습니다. 최근 8월 4일 쿠오드리베트 웹사이트에 게시된 「천사와 악마」 글을 읽었습니다. 이 글을 새로 나올 책의 마지막 부분에 넣을 수 있도록 허락해 주실 것을 부탁드립니다. 한국어 번역 및 한국 출판을 위해 교수님의 허락을 받고자 하는 글들은 모두 열여덟 꼭지이며 모두 쿠오드리베트 웹사이트에 이미 게재돼 있습니다. 따라서 책에 포함될 글은 다음과 같습니다.

[…]

첫 번째 책에는 약 1년 동안 지속된 팬데믹 혼란기에 대한 담론이 포함돼 있습니다. 두 번째 책은 대신 백신과 그린 패스에 대한 논의를 중점적으로 다루려고 합니다. 따라서 출판사는 새 책을

『얼굴 없는 인간』의 증보판이 아닌 새 책으로 출간하고자 합니다. 예상 출간일은 올해 9월이나 10월입니다.

교수님의 답변을 기다리며, 꼭 만나 뵙기를 희망합니다.

박문정

2022년 8월 12일(금) 오후 5:17

친애하는 박문정 님께

좋습니다.

조르조 아감벤

편집자주

『얼굴 없는 인간』과 『저항할 권리』

팬데믹에 관한 아감벤의 짧은 담론은 이제 끝을 맺었다. 물론 그가 다시, 어떤 일을 계기로 팬데믹과 백신 관련해 글을 쓸지는 모르겠지만, 지금으로서는 그렇다. 그래서 두 권의 책으로 아감벤의 목소리를 전달하려 한 이유를 이제서야 말하고자 한다.

그의 글을 처음 접했을 때 느낀 감정은 불편함이었다. 많은 독자가 나와 비슷하게 느꼈을 것이다. 도대체 무슨 말을 하려는 것인가? 그러나 그의 사유의 흔적을 따라 한 걸음씩 내딛을 때마다 전율이 감돌았다. 모호하고 불합리한 지침을 그저 따르라고만 했던 사회 분위기에서 느낀, 정리되지 않고 불만 가득했던 생각을 그가 속시원히 긁어줬기 때문이다.

도대체 무슨 까닭으로 우리는 기준이 제각각인 방역 지침을 강요 받았는가. 어째서 이에 대한 반론은 '비이성적'이라 손가락질 받으며 철저히 무시되어야 했는가.

아감벤이 던진 불씨는 머릿속에 불길을 만들었다. 그리고 공감의 전율 뒤에는 공포가 찾아왔다. 지구 반대편, 20세기 이탈리아가 낳은 가장 논쟁적인 사상가가 혼신의 힘을 다해 외친 경고를 한물간 노학자의 주장으로 치부하는 현실를 바라보면서.

그래도 질문은 머릿속에서 꼬리에 꼬리를 물었다. 벌어진 상황을 막기 급급해 급조한 거리 두기와 이동 제한 조치를 시행한 이유는 무엇인가? 그렇다면 감염 '가능성'이란 무엇인가? 사랑하는 이의 마지막조차 함께하지 못하고, 관계 단절로 외로움에 시름시름 앓다 세상을 뜨는 일이 비일비재한 현 상황이, 정녕 인간을 위한 일이란 말인가?

이 책의 전작, 『얼굴 없는 인간』을 낸 후에는 의문에 막막함이 더해졌다.

그해 백신이 차례차례 개발됐고, 접종이 순차적으로 이뤄졌다. 팬데믹이 끝나고 사회가 다시 정상화 될 거란 이야기가 많았다. 다른 편에서는 예외상태가 이어질 거란 우려도 나왔다. 아감벤의 말처럼, 그때는 그저 기우였다.

그러나 시간은 증명했다. 더는 누구도 팬데믹 종식을 입 밖으로 섣불리 내뱉지 않는다. 바이러스 사태로 인한 '인재(人災)'는 현재 진행형이지만, 책임 소재는 불분명하다. 개인에게 선택이 강요됐지만, 명확한 주체는 없다. 모호한 대응 방침과 바뀌는 기준, 선동적인 언론 보도, 책임 회피를 일삼는 집단의식만 남았다. 무기력한 한 개인으로, 인류 모두가 레밍이 되어 절벽을 향하고 있지만 NO를 외치는 건 아직도 힘겹다.

코로나는 끝나지 않았다. 백신 접종이라는 희미한 빛을 따라 이어졌던 끝없는 터널은 이젠 한줄기 빛조차 보이지 않는다. 적어도 이 사태의 본질은 바이러스가 아닐 성싶다. 그래도 여전히 아감벤을 자신의 이론 틀에 현실을 우겨 넣어 설명하는 노학자라 비판만 할 텐가.

팬데믹 대응 과정에서 나타난 문제들과 인간성에 대한 그의 진지한 접근은 이 시대를 사는 누구든 고민해봄 직하다.

지금 이 순간에도 아감벤과 뜻을 함께하는 이들은, 레밍이 되지 않기 위해 사력을 다해 거부하고 있다. 아감벤과 그 동료들이 선구자일지, 혹은 몽상가일지, 또는 음모론자일지. 세월이 지나면 그들의 진실에 다가설 수 있을 것이다.

목차

일러두기

- 이 책은 아감벤의 다른 책 『얼굴 없는 인간』과 마찬가지로 쿠오드리베트에 올라온 글들을 추려 만들었다.
- 정치철학, 문예사조를 넘나드는 글이기에 일부 문장은 적극적으로 의역했다.
- 이해를 돕기 위해 추가된 각주와 이미지, 관련 설명은 옮긴이와 출판사가 넣었다.
- 단행본·소설은 『』, 에세이·시는 「」, 그림·미술 작품은 〈〉, 언론 미디어는 《》로 구분했다.
- 예외상태·긴급상태·바이오보안·호모사케르·생명정치 등 주요하게 다뤄지는 개념은 띄어쓰기를 적용하지 않았다.

I

Di che colore è la notte?

밤은 무슨 색일까?

일주일에 10만 건 중 50건, 정부가 우리 삶의 색을 정하는 기준[1]이다. 이는 통계적 관점에서 1,000분의 0.5로 극히 낮은 수준이다. 감염 가능성 때문에 일 년 내내 인간이 자신의 자유뿐 아니라 삶에 가치를 부여하는 모든 것을 포기하고 이 사태를 받아들이는 게 어떻게 가능한 걸까? 타인과 만나고, 그들의 표정을 읽고, 함께 축하하고 추억을 남기는 기념일마저도. 파수꾼이여, 지금의 밤은 도대체 무슨 색입니까?[2]

2021년 1월 25일

1 이탈리아 정부는 2021년 1월 11일부터 각 지역을 코로나-19 확진자 수에 따라 흰색·노란색·주황색·빨간색으로 구분했다. 감염도가 가장 낮은 흰색 지역이 되려면 주민 10만 명당 감염자가 50명 미만이 되어야 했다.

2 야코비(Friedrich Heinrich Jacobi, 1734-1819)의 『리히텐베르크의 예언에 대하여(Über eine Weissagung Lichtenberg's)』(1801)의 한 구절을 인용하고 있다.

©wired.it

이탈리아에서는 팬데믹 초기, 확산을 막기 위해 강력한 봉쇄 조치가 시행되었다. 2020년 초에 찍은 이 사진은 밀라노 대성당 앞 광장의 황량한 모습을 담고 있다. 당시 밀라노는 물론, 주변 롬바르디아 주는 빨간색 지역으로 분류됐다.

II

L'arbitrio e la necessità

우연과 필연

각국 정부가 모든 제한 조치를 초월해 권력을 강화하는, 예외상태를 선언하고자 의식적으로 팬데믹을 악용하는 건 아닌지, 혹은 비상사태 외에 선택의 여지가 없는지 질문하는 것은 그 자체로 잘못되었다.

역사적으로 결정적 위기에 봉착한 그 어떤 때와 마찬가지로 현재 벌어지고 있는 일들을 바라본다면 다음 두 가지는 명백하다. 첫째, 정부가 예외상태를 전략적으로 사용하고 있다. 둘째, 정부는 예외상태를 이용하지 않으면 통치를 이어갈 수 없다. 주권자는 절대적이며 독단적으로 행동함과 동시에 자기 본질을 정의하는 예외상태를 끊임없이 결정해야 한다.

우리가 사는 현재는 다시 말하자면, 지구를 지배하는 권력의 불법성이 명백히 드러나는 시대다. 권력자들은 자신의 입지를 확고히 하는 명목상 질서를 상실했기에 법과 그 질서들을 정의 내리는 헌법 원칙을 작동되지 않게 했다. 그리하여 예외상태는 정상 상태가 되고 권력자는 다른 방식으로는 통치할 수 없게 되었다.

물론 예외상태를 공식적으로 철회할 가능성도 있다. 그러나 모든 반대가 묵살된 채 구성된, 국가적 차원의 구원을 행하는 정부는 그저 예외상태의 완전한 연속일 뿐이다. 민주주의와 부르주아 시대가 저물었다는 우리의 진단은 일련의 사건을 통해 확인됐다.

정부 패러다임으로써 비상사태와 정치 행위의 통제가, 지금까지 그들이 근거로 조성한 보건 공포가 아닌 다른 이유로 바뀌지 않고 얼마나 오래갈 수 있을 것인가.

2021년 2월 12일

La guerra e la pace

전쟁과 평화

인류와 모든 국가가 전쟁 상태에 있다는 각국 정부의 주장을 심각하게 받아들여야 한다. 이 주장이 이동의 자유를 강도높게 제한하는 예외상태와 비상식적인 '통금'을 정당화한다는 건 말할 필요도 없다. 사실상 권력과 전쟁 간의 유대 관계는 더욱 긴밀하고 실질적이 됐다. 전쟁은 정부 권력 없이는 절대 일어나지 않는다.

톨스토이는 그의 소설에서 인간이 자신의 욕망·감정·생각을 자유롭게 펼치는 평화(그가 생각하는 유일한 현실)와 모든 것이 냉혹한 필연에 의해 끌려가는 것처럼 보이는 전쟁의 추상성과 거짓을 대비하였다.

로렌제티는 시에나 푸블리코 궁의 프레스코화를 통해 소녀들이 손잡고 춤추고, 시민들이 자신의 욕구에 따라 자유롭게 볼일을 보고 이동의 자유를 누리는 평화로운 광경을 그렸다. 이 작품은 〈선정〉이란 멋진 이름을 갖고 있지만, 실제로는 인간 각자의 욕망이 짜여진 일상은 장기적으로는 통제될 수 없다는 걸 보여준다. 권력은 많은 제한과 통제를 받더라도 본능적으로 계산과 계획 그리고

오른쪽 벽의 선정(善政)과 왼쪽 벽의 악정(惡政)이 대비된다. 중세 미술에서 세속적인 내용이 포함된 초기 작품 중 하나다. 종교뿐 아니라 이탈리아에서 정치철학적 내용을 담은 최초의 작품이다. 토마스 아퀴나스의 사상을 기반으로 아리스토텔레스 철학을 담고 있다.

로렌제티(Ambrogio Lorenzetti, 1290-1348)가 1338년부터 1년 간 그린 〈선정과 악정의 영향과 알레고리(Allegoria ed effetti del Buono e del Cattivo Governo)〉.

규칙에서 벗어나곤 한다.

이는 권력이 두려워하는 비밀이다. 그러니 역사는 권력과 밀접하고, 역사는 전쟁과 촘촘히 연결돼 있다. 반면, 평화로운 삶은 정의에 따라서는 '역사가 존재하지 않는다'고 표현할 수 있다. 엘사 모란테[1]는 이를 염두에 둔 작가였다. 모란테는 20세기를 뒤흔든 재앙인 전쟁과 엄청난 사건 등과 대비되는 소박하고 평범한 소수자들의 삶을 그린 그의 소설을 『역사』라고 이름 붙였다.

따라서 세계를 지배하려는 권력자들은 조만간 실재든 시뮬레이션이든 전쟁 상태에 의지해야 한다. 평화 상태에서 인간 삶은 모든 역사적 차원과 분리되는 경향이 있으므로, 정부가 바이러스와의 전쟁이 새로운 역사 시대의 시작을 의미한다고 끊임없이 강조하는 건 놀라운 일이 아니다. 실상 과거의 행태와 다를 바 없는 것이다. 그리고 자유가 부재한 현실을 보지 않고 그저 만들어진 현실에 빠져 눈을 가린 대부분 사람은, 70년 가까운 평화 상태, 즉 역사 없는 삶이 종지부를 찍고 이제 새 시대에 접어들고 있다고 확신하며 이를 받아들인다.

지금까지 명백하게 드러난 것처럼, 삶을 가치 있게 만드는 모든 게 제한받는 굴복과 희생의 시대가 도래하더라도 그들은 기꺼이 복종할 것이다. 평화 상태에서 자신도 모르게 잃어버린 삶의 의미

1 모란테(Elsa Morante, 1912-1985)는 이탈리아의 여류 시인 겸 소설가다. 대표작으로 아감벤이 언급한 『역사(La Storia)』(1974)가 있다.

를 깨닫지 못한 채, 그저 삶을 위해 이 방식으로 흘러왔다고 믿고 있기 때문이다.

그러나 실제 전쟁보다 훨씬 쉽게, 각국 정부가 필요에 따라 조절하고 조정할 수 있는 일종의 이상적인 장치였던 바이러스와의 전쟁은, 결국 모든 전쟁이 그렇듯 그들의 통제에서 벗어날 가능성이 있다. 아마도 그 시점이 너무 늦지 않는다면, 인간은 성급하게 버려버린, 누구도 지배할 수 없는 평화 상태를 다시 얻고자 할 것이다.

2021년 2월 23일

IV

Un'atmosfera pesante, opaca e soffocante···

무겁고 불투명하며 숨 막히는 분위기…

"무겁고 불투명하며 숨 막히는 적막이 온 나라를 뒤덮고, 사람들은 우울하고 불만 가득하지만, 당황하지 않고 항의하지도 않고 무슨 일이라도 기꺼이 감내하고 있다. 이것이 독재 시대의 전형적인 특징이다. 경솔한 관찰자들은 대중의 불만을 권력이 취약함을 나타내는 지표로 여기지만, 실상은 정확히 그 반대를 의미한다. 이견이 묵살되고 그저 불만만 널리 퍼지는 상태는 수십 년간의 제한 없는 독재나 마찬가지다. 요즘처럼 불만이 절망과 결합하면 사람들은 외부 힘이 희망을 돌려줄 때까지 그저 따를 뿐이다."

- 시몬 베유, 1940[1]

"안전에 관한 의식은 주변 상황에 큰 영향을 받는다. 그것이 절대적으로 나쁘다는 얘기는 아니다. 이 땅의 인류에게 안전이란 있을 수 없고, 일정 부분 안전하다고 느끼는 건, 모든 걸 변조하는 위험한 환상이며, 비좁고 제한적이며 피상적이고 어리석은 것에도 만족하게 한다. 이는 번영의 시대에 잘 드러났으며 우리 스스로가

1 시몬 베유(Simone Adolphine Weil, 1909-1943)가 그녀의 형제 앙드레 베유(André Weil, 1906-1998)에게 보낸 편지를 인용했다. 시몬 베유는 철학자, 신비주의자로 불렸다. 앙드레 베유는 1930년대 활발히 활동한 수학자 조직, 부르바키(Bourbaki)의 창립 멤버다. 알베르 카뮈(Albert Camus, 1913-1960)는 시몬 베유를 '이 시대의 유일한 위대한 정신'이라고 했고, 아감벤은 '이 시대의 가장 명석한 양심'이라고 한 바 있다.

안전하다고 믿는 오늘날 사회에서도 여전히 관찰할 수 있다. 지성과 용기를 넘어서는 두려운 재앙이 닥쳤을 때 안전이 완전히 부재하면 정신적으로 좋을 리 없다. 우리는 과거 경제위기 때 그저 지켜봤다. 사회에 진입해 생계를 꾸리고 가족을 부양하고자 하는 청년 세대 전체가 그 모든 희망을 박탈당하는 모습을. 이제 우리는 인류의 한 세대, 청년들이 곤경에 처해 있다는 것을 목도하고 있다.

[…]

지금의 언론, 라디오, 영화 등 매체는 전 인류의 정신에 영향을 미칠 만큼 충분히 강력하다. 물론 인간 생명은 본능적·무의식적으로 계속 자신을 지켜나갈 것이다. 그러나 해일이나 지진 등 어쩔 수 없이 마주하게 될 대재앙을 향한 공포는 개개인의 미래를 향한 생각과 감정에 점점 더 영향을 끼친다."

- 같은 이, 1939[2]

2 아감벤은 시몬 베유의 저서 『정치와 역사에 대한 글(Écrits historiques et politiques)』에 담긴 글을 인용했다.

V

Guardati Italia dalla stessa Italia

이탈리아는 이탈리아 자체를 경계하라

바로 당신의 이탈리아로부터 이탈리아를 경계하라
그리스도 없는 십자가를 경계하라
낫 없는 망치를 경계하라

얼굴 없는 이웃을 경계하라
마스크를 쓴 사형집행인을 경계하라
당신의 시체를 소각하는 사람을 경계하라

전염병 없는 격리와
격리 없는 전염병을 경계하라
당신과 당신의 일상을 분리시키는 사람을 경계하라

정강이뼈 없는 백골을 경계하라
백골 없는 정강이뼈를 경계하라
누가 당신의 죽음을 계산하는지 경계하라

새로운 권력으로부터 이탈리아를 경계하라
순종하는 자들을 경계하라
이탈리아로부터 이탈리아를 경계하라

- 세자르 발레호[1]

1 세자르 발레호(César Vallejo, 1892-1938)는 페루계 프랑스 시인이다. 이 시는 아감벤이 발레호의 시집 『스페인이여, 나의 이 성배를 받으라(España, Aparta de mí este cáliz)』(1939)에 실린 시 「바로 당신의 스페인으로부터 스페인을 조심하라(Cuídate, España, de tu propia España)」를 개사한 것이다.

VI

La nuda vita e il vaccino

벌거벗은 생명과 백신

이전 글에서 나는 여러 차례 벌거벗은 생명을 언급하였다. 사실상 전염병은 인류가 어떤 대가를 치르더라도 벌거벗은 존재 외에는 무엇도 믿지 않는다는 점을 의심의 여지 없이 보여주는 것 같다. 사랑과 자비의 역사와, 순교까지 불사하는 신앙심을 지닌 기독교와, 맹목적인 정치 이념과, 일상과 돈에 관한 신념조차 벌거벗은 생명이 위협받자마자 모두 2순위로 밀려난 것처럼 보인다. 비록 통계 실체가 불분명하고 누군가 의도한 불확실한 위험 상황이라 하더라도.

벌거벗은 생명의 의미와 기원을 다시금 정확하게 짚어볼 때가 되었다. 이를 위해 인간이란 존재는 한 번으로 단순하게 정의할 수 없다는 점을 떠올릴 필요가 있다. 오히려 인간은 역사적 부침에 따라 끊임없이 변화해왔으며, 인간과 동물 그리고 인간 안의 인간성, 인간 아닌 존재를 구분 짓는 경계를 바꿔왔다.

린네[1]는 인간과 영장류의 분류를 위해 특징적인 해석을 시도하다 결국 모르겠다고 시인해야 했다. 그리고 그는 영장류를 일반

1 린네(Carl von Linné, 1707-1778)는 스웨덴의 식물학자로, 생물 분류학의 토대를 만드는 데 기여해 '식물학의 시조'라 불린다. 여기서 아감벤이 언급한 책은 『Systema Naturae』다.

적으로 부르는 '호모' 뒤에 오래된 철학적 격언 '너 자신을 알라(nosce te ipsum)'의 의미를 담은 '사피엔스'를 붙였다. 린네가 『자연의 체계』의 10판에 추가한 '사피엔스'라는 용어의 의미는 다음과 같다. 인간은 존재하기 위해 스스로를 인간으로 인식해야 하는 동물로, 인간과 인간이 아닌 것을 구분하거나 '결정'한다.

이런 역사적인 메커니즘을 통해 결정이 이뤄지는 것을 인류학적 기계라고 부를 수 있다. 이 장치는 인간에게서 동물적 생명을 배제하고 이 과정을 통해 인간이라는 존재를 만들어 냄으로써 작동한다. 그러니 장치 구동을 위해 배제도 필요하다. '동물과 인간' 둘 사이를 나누고 연결하는 분절과 문턱이 있어야 한다.

벌거벗은 생명은 동물도 진정한 인간도 아니지만, 앞서 말한 분절은 곧 인간과 비인간 사이의 결정이 매 순간 일어나는 또 다른 생명이다. 필연적으로 인간 내면을 통과하며 생물학적 삶과 사회적 삶을 분리하는 문턱은 매우 추상적이지만, 스스로 매번 구체성을 띠고 정치적·역사적 형상들을 통해 실현된다. 즉 고대 세계에서는 노예·야만인·호모사케르(homo sacer)를 살해해도 범죄가 아니었다. 계몽주의 시대부터 19세기까지는 호모 알라루스(homo alalus)와 늑대가 키운 아이가, 20세기에는 예외상태에 놓인 시민들·나치 수용소(Lager) 유대인·중환자실의 식물인간 그리고 장기

2 알라루스(Alalus)는 고대 오리엔트에서 활약한 민족 후르리안(Hurrian) 신화에 등장하는 신이다. 지하세계, 크토니아(Ctonia)에 사는 신들 중 하나다. '알라루스'라는 표현은 메소포타미아 신화에서 유래한 것으로 추정된다. 독일의 에른스트 헤켈(Ernst Haeckel, 1834-1919)은 인류 조상을 말 못 하는 유인원-인간이란 뜻의 '피테칸드로푸스 알라루스(Pithecanthropus alalus)'라고 부르기도 했다.

아감벤은 근현대사에서 드러나는
대표적인 벌거벗은 생명이 나치 수용소의
유대인들이라고 보았다. 이 사진은 헝가리의
유대인들이 아우슈비츠 수용소에 도착하는
장면을 담고 있다. 1944년 5월 촬영된 것으로
추정된다.

를 위해 보존된 시신 등이 벌거벗은 생명이나 마찬가지다.

현재 팬데믹 대응 과정에서 문제가 된 벌거벗은 생명은 어떤 모습을 하고 있을까? 아프지 않은데 환자로 분류되고 격리와 치료를 강요받는 이들을 말하는 게 아니다. 오히려 감염자 혹은 자신도 모르는 사이에 생긴, 모순된 정의가 분류한 '무증상 환자'가 벌거벗은 삶의 형상이다. 여기서 주안점은 건강이 아니라 건강하지도 병들지도 않은 삶, 그 자체만으로도 잠재적 증상 발현자로 치부돼 자유를 박탈당하고 모든 종류의 제재와 통제를 받는다는 것이다.

이런 의미에서 모든 인간은 사실상 무증상 환자다. 질병 상태와 건강한 상태 사이를 오가는 삶 속에서 고유한 정체성은 면봉[3]과 백신 접종자에게만 주어진다. 이는 새로 등장한 종교의 세례 의식 같다. 한때 시민권이라고 불렀던 것이 전복되었음을 명확히 보여준다. 이 세례 의식은 지워지는 게 아니라 필연적으로 잠정적이며 갱신을 필요로 한다. 항상 증명서를 제시해야 하는 새로운 사회의 시민들은 결정권도, 양도할 권리도 없이 계속 결정을 강요받고 갱신해야 하는 의무만 남았기 때문이다.

2021년 4월 16일

3 코로나-19 바이러스 감염 여부를 검사하는 과정에서 의료진이 면봉을 사용하는 것을 의미한다.

VII

Il volto e la morte

얼굴과 죽음

전 지구적 새 질서로 인해, 분명 서로 관련 없는 두 가지가 완전히 제거될 것 같다. 바로 얼굴과 죽음 말이다. 얼굴과 죽음이 연결되지 않는다는 것인지 그리고 완전히 제거된다는 게 무슨 의미인지 알아보고자 한다.

고대인들은 자신과 타인의 얼굴을 바라보고 인지하는 게 인간에게 매우 결정적인 경험이라는 것을 잘 알고 있었다.

"키케로가 쓰길, '얼굴'이라는 것은 사람 외 어떤 동물에게도 존재할 수 없다."[1]

그리고 고대 그리스인들은 자기 스스로가 자신의 주인이 아닌 사람, 즉 노예를 아프로포손(aproposon), 문자 그대로 '얼굴이 없는'이라고 정의했다. 물론 모든 생명체는 자신을 드러내고 서로 소통하지만, 인간만이 얼굴을 스스로를 인식하고 자신의 진실을 드러내는 장소로 여긴다. 인간은 타인의 얼굴에 자신을 투영하고 분

1 아감벤은 「얼굴 없는 나라(Un paese senza volto)」라는 글에서 키케로의 해당 문장을 인용하며 시작한다. 『얼굴 없는 인간』(2021) 147쪽에 나오는 내용이다.

별하는 동물이다. 이런 의미에서 얼굴은 '비슷함, 유사함'을 의미하는 라틴어 '시밀리타스(similitas)'와 인류와 늘 함께한 '경쟁·질투·적대'를 의미하는 라틴어 '시물타스(simultas)'가 합쳐진 것이라 볼 수 있다. 고로 얼굴 없는 인간은 필연적으로 혼자다.

얼굴은 정치적 장소다. 의사소통을 위한 정보만 전달해야 한다면 제대로 된 정치가 있을 수 없고 그저 메시지 교환만 있을 뿐이다. 그러나 인간은 우선 얼굴을 통해 자신을 개방하고 타인을 인식하기 때문에 얼굴이 바로 정치의 요건이 된다. 얼굴은 인간이 말하고 교류하는 모든 것의 바탕이다.

이러한 의미에서 얼굴은 인류의 진정한 공간이자 탁월한 정치적 요소다. 인간은 얼굴을 바라보며 서로를 인식하고 열정을 나누고 닮은 점과 다른 점, 멀고 가까움을 인식한다. 동물에게 정치가 없는 까닭은 그들의 얼굴은 이미 모두 열린 상태이기 때문이다. 동물에게 얼굴의 개방 여부는 중요하지 않다. 그들은 단순히 생명을 이어간다. 이것이 바로 동물이 거울, 즉 이미지를 위한 이미지에 관심 없는 이유다.

반면, 인간은 스스로 인정하고 인정받기를 그리고 자신만의 이미지를 소유하길 바란다. 인간은 이를 통해 스스로의 진실을 추구한다. 이런 식으로 인간은 자연상태인 환경을 끊임없는 정치적 변증법의 세계로 바꾼다.

마스크로 모든 장소에서 얼굴을 가리게 하고 자신의 얼굴을 포기한 국가는 자발적으로 모든 정치적 차원을 지워버린 것이다. 타자로부터 고립된 개인은 매 순간 무한 통제를 받는 이 공허함 속에서 제각각 움직이며, 직접적이고 명백한 기반을 잃어버린 채 얼굴 없는 이름으로 메시지만 주고받는다. 인간은 정치적 동물이기에 정치 소멸은 생명 상실을 의미한다. 또, 갓 태어난 아이는 엄마 얼굴을 볼 수 없으므로 인간의 감정을 이해하기 어려울 것이다.

인류에게 얼굴과의 관계만큼 중요한 게 죽은 자와의 관계다. 자신의 얼굴을 인식하는 유일한 동물인 인간은 죽은 자들을 숭배하는 유일한 동물이기도 하다. 따라서 죽은 자에게도 얼굴이 있고, 얼굴을 지우는 건 죽음을 없애는 것과 관련이 있다. 이는 새삼 놀랍지도 않다. 고대 로마에서 죽은 자들은 모든 집의 정원에 보관돼 있던 밀랍 가면에 색을 입힌 이마고(imago)를 통해 산 자의 세계에 함께했다. 자유인은 도시의 정치 참여와, 조상의 이마고 보호와, 축제에서 이를 쓰고 공연할 수 있는 양도할 수 없는 권리인 '이우스 이마지눔(ius imaginum)'으로 정의되었다.

"폴리비우스에 따르면, 장례식과 모든 의식이 끝나면 나무 상

©Musee Carnavalet

고대인들은 죽은 자의 얼굴을 장식하는 풍습이 있었다. 특히 무덤에서 이 같은 형식이 많이 발견된다. 석고를 주 재료로 사용했다. 그러나 로마인들은 조금 달랐다. 주 재료로 밀랍을 썼으며, 가면을 나무 상자에 보관해 집 안마당에 안치했다.

자에 담긴 죽은 자의 이마고는 집에서 가장 눈에 띄는 곳에 두었다. 이마고는 죽은 자의 모습과 매우 비슷하게 만든 밀랍 얼굴이었다."[2]

이는 가족의 개인적인 추모 대상뿐만 아니라 산 자와 죽은 자, 과거와 현재 사이의 끈끈한 유대와 결속의 구체적인 흔적이자 도시 생활에 필수적인 부분이었다. 따라서 고대 로마인의 공적 영역에서 죽은 자들의 상징이 그만큼 중요한 역할을 한 것이다. 죽은 자의 이미지에 대한 권리가 산 자의 권리 기반이 되었다. 이는 중대범죄를 저지른 시민은 이마고에 대한 권리를 박탈당한 사실에서 확인할 수 있다.

고대 전설에 따르면 로물루스가 로마를 건설할 때 '문두스(mundus)', 그러니까 '세상(mondo)'이라 불리는 구덩이를 팠고 로물루스와 그의 동료들은 그들이 태어난 대지의 흙을 한 움큼씩 그곳에 던졌다. 이 구덩이는 일 년에 세 번 열렸는데 그때 '대지의 손(mani)', 즉 죽은 자들도 도시로 들어와 산 자들의 삶에 함께했다고 전해진다. 세상은 산 자와 죽은 자, 과거와 현재가 소통하는 문턱일 뿐이었다.

따라서 우리는 왜 얼굴 없는 세계가 죽음 없는 세계를 의미하는

2 헬레니즘 시대의 역사가 폴리비우스(Polybios, 기원전 203-기원전 120 추정)의 『역사(Historiae, Ἱστορίαι)』 6권 중 53편의 4-5행을 인용하고 있다.

지 알 수 있다. 산 자들이 그들의 얼굴을 잃는다면 죽은 자들은 단지 숫자에 불과할 것이다. 인간의 삶 역시 생물학적 삶으로 전락하므로 장례 절차도 없이 쓸쓸히 눈감아야 한다. 그리고 얼굴이 모든 의사소통 전에 인류가 자신을 드러내는 장소라면, 얼굴과의 관계를 상실한 산 자들은 디지털 기기로 제아무리 타인과 교류하려 해도 회복할 수 없을 정도로 외로울 것이다.

결국 각 정부가 강제하려는 전 지구적 프로젝트는 본질적으로 비정치적이다. 실상 이는 인간 존재의 모든 순수한 정치적 요소를 제거하고 알고리즘 제어에 기반한 통치체제로의 전환을 목표로 한다. 얼굴을 지우고 죽은 자들을 제거하고 사회적 거리 두기를 조장하는 것은 이 통치체제를 위한 필수 장치다. 권력자들이 합의한 선언에 따르면 이는 보건 공포가 완화된 경우에도 유지돼야 한다. 그러나 얼굴도 없고 과거와의 연결도 없고 신체 접촉도 없는 사회는 빠르게 파멸로 치닫는 유령사회일 뿐이다.

2021년 4월 30일

《노이에 취르허 차이퉁》[3]에 실린 글

3 원어는 《Neue Zürcher Zeitung》. 스위스 취리히에 본사를 둔 일간지로, 유럽에서 주요 언론 매체로 꼽힌다.

VIII

Cittadini di seconda classe

2급 시민

독재 정권에 의해 비상 체제가 수립되고 헌법 질서 보장이 유예될 때 그랬듯, 파시즘 시기 유대인처럼 누군가는 자동으로 2급 시민이 되는, 일종의 계급화 차별이 이뤄지고 있다. 이것이 이른바 그린 패스가 탄생한 목적이다. 그린 패스가 객관적·과학적 정확성에 따른 게 아니라 개인의 신념에 근거한 차별이라는 점은 백신의 효능과 안전성에 관한 논쟁이 현재진행형이라는 사실로 입증할 수 있다. 딱히 무시할 이유가 없다는 명목으로 의사와 과학자들의 의견에 따라 백신은 적절한 테스트 없이 긴급하게 생산되었다.

그럼에도 자신의 자유와 근거 있는 신념을 고수하며 백신 접종을 거부하는 사람들은 사회적 활동에서 배제된다. 백신이 이렇듯 정치적·종교적 상징의 일종으로 변질돼 시민들 간 차별을 조장하고 있다는 건 어느 정치인의 무책임한 선언에서 명백히 드러난다. 이 정치인은 자신이 파시스트 용어를 사용한다는 걸 깨닫지 못한 채 미접종자들을 언급하며 이 같이 말했다.

"그린 패스로 정화하겠습니다."

'그린 패스'는 증명서가 없는 미접종자들에게 가상의 노란 별 딱지[1] 를 붙이는 것이다. 이는 결코 과소평가할 수 없는 심각한 정치적 사안이다. 차별받는 계급이 존재하는 나라는 어떻게 되겠는가? 2급 시민과의 공존을 어떻게 받아들일 수 있겠는가? 차별하려는 욕망은 인류 공동체의 역사만큼이나 오래되었고, 소위 민주주의라고 부르는 사회에도 분명 그 양상이 존재했었다. 그러나 이렇게 사실적인 차별이 법으로 허용된다는 것은 우리가 받아들일 수 없는 야만적 행위다.

2021년 7월 16일

1 과거 나치 정권은 유대인을 쉽게 식별하기 위해 '노란색 다윗의 별'을 달고 다니도록 강요했다.

IX

Tessera verde

그린 패스

앞선 글에서 그린 패스 도입으로 정상적인 사회 활동에서 배제된 시민들을 향한 부당한 차별을 살펴보았다. 이 차별은 누군가 필요에 의해 계산된 결과이지만, 그린 패스를 도입한 주된 목적은 특정 집단을 배제하려는 게 아니라, 증명서를 지닌 전체 인구를 통제 대상으로 하는 데 있다. 각 정부가 이를 통해 추구하는 목적은 사실상 시민들의 이동에 대한 세밀하고 무제한적인 통제이며, 이는 소비에트 시절 다른 도시로 이동하기 위해 모든 사람이 갖고 다녀야 했던 통행허가증과도 매우 유사하다.

그러나 현시점의 통제는 시민의 모든 이동을 강제하기에 더 절대적이다. 시민들은 움직일 때마다, 영화관이나 콘서트장에 가거나 심지어 식당에 들어가 앉을 때도 그린 패스를 제시해야 할 것이다. 역설적이게도 그린 패스에 등록하지 않은 시민이 그린 패스를 지닌 시민보다 더 자유로울 것이다. 역사상 손꼽는 전체주의 정권에서조차 전례 없을 정도의 감시·집계·통제를 받은 다수의 접종자들은 오히려 미접종자에게 항의하고 그들의 의견에 반대할 것이다.

중국 정부가 팬데믹 종식 후에도 시민들의 동선 추적 및 통제 시스템을 유지한다고 발표한 것은 의미심장하다. 명심해야 할 점은, 그린 패스의 본질은 보건이 아니라 통제라는 것이다. 조만간 그린 패스 소지자들도 이 사태에 대한 대가를 치르고 본질을 이해할 수 있을 것이다.

2021년 7월 19일

X

Uomini e lemmings

인류와 레밍[1]

레밍은 북유럽과 아시아의 툰드라에서 주로 서식하는, 대략 15센티미터 크기의 작은 설치류(齧齒類)다. 이 종은 뚜렷하게 알려진 이유 없이 대이동을 하고 바닷가 절벽에서 집단 자살로 생을 마감한다. 동물학자들의 호기심을 자극하는 레밍의 이런 습성은 너무 특이해서 상식적으로는 설명되지 않는다. 이를 파악하고자 학자들은 수차례 연구했으나, 결국 이 습성을 무시하기로 하였다. 그러나 20세기의 가장 명석한 지식인 중 한 명인 프리모 레비는 현상에 의문을 제기하고 설득력 있는 해석을 제시했다.

우리는 모든 생명체가 자신의 생명 연장을 바란다고 알고 있다. 그러나 레밍이라는 종은 어떤 이유에서인지 그 의지를 상실했고 생존 본능은 죽음을 원하도록 바뀌었다.

나는 이와 유사한 일이 다른 생명체, 호모 사피엔스라고 부르는 종에게도 일어날 수 있다고 생각한다. 인간에게 집단 자살 행위는 본능을 언어로, 체내 충동을 신체 외부의 일련의 장치로 대체한 종에 걸맞게 인공적이고 복잡한 방식으로 일어난다. 그러나 결과는

1 이 글은 레비(Primo Levi, 1919-1987)의 『형태의 결함(Vizio di forma)』(1971)에 담긴 「서쪽으로(Verso occidente)」의 내용이다. 레비는 세계적인 작가이자 화학자다. 파시즘에 저항하는 이탈리아 레지스탕스 운동을 하다가 유태인이라는 이유로 체포돼 아우슈비츠 강제수용소로 끌려갔다. 아우슈비츠에서 기적적으로 살아남은 그는 집으로 돌아와 자신의 처절한 경험과 사유를 시와 소설과 성찰록 등 다양한 형식의 기록으로 남겼다. 이 글에서 레비는 레밍의 집단 자살과 아마존 지역의 부족 '아룬데(Arunde)'의 유사성에 관해 이야기한다.

매한가지다.

인간은 삶의 명분과 정당성을 스스로 부여하지 않으면 살아갈 수 없다. 명분과 정당성은 언제나 종교·신화·정치적 신념·철학·이상의 형태를 취해왔다. 그러나 이러한 정당성은 인류가 가장 부유하고 기술화된 시대에 무너진 것 같다. 인류는 역사상 처음으로 생물학적 존재로만 축소된 자신의 모습을 발견할 것이다.

오직 이것만이, 왜 인류가 서로 친밀하게 공존하는 단순하고 아름다운 삶 대신 더 이상 명분 없는 삶으로, 매 순간 질병과 죽음의 위협에 시달리고 처벌받는 무자비한 보건 공포를 필요로 하게 되었는지 설명할 수 있다. 그리고 이것만이, 백신 생산자들이 의약품 생산 절차를 따를 수 없으며 유전자 변형 및 발암 테스트 결과가 2022년 10월에 나오기 때문에 백신의 장기적인 영향을 예측할 수 없다고 밝혀도 수백만 명이 전례 없이 예방 접종을 받았는지 설명할 수 있다. 확실하지는 않지만, 몇 년 내 인류는 레밍과 비슷해질 것이다. 인류는 멸종의 길을 걷고 있다.

2021년 7월 28일

XI

Due nomi

두 개의 이름

알렉산드로 라 포르테차(Alessandro La Fortezza), 안드레아 캄페리오 치아니(Andrea Camperio Ciani). 명심해야 할 두 이름이다. 이들은 사회적 차별의 도구인 그린 패스를 거부한다는 이유로 교직 사임까지 각오했다. 다음은 이들이 쓴 글 일부다. 첫 번째는 학생들에게 보내는 공개서한, 두 번째는 그들의 대학 총장에게 보내는 사직서다.

"사랑하는 학생들에게

우리는 지난 6월에 '다시 봅시다'라고 인사했지만, 오늘은 9월에도 보기 어렵다고 해야 할 것 같습니다. 저는 백신 맞아야 한다는 확신이 들 때만 접종을 받을 것입니다. 식당, 공연 등 어딘가를 가기 위해서는 절대 맞지 않을 것입니다. 직장 내 자리 보전을 위해서도 마찬가지입니다. '사람은 빵으로만 살지 않는다'[1]라는 말을 기억합시다. 언젠가 제가 백신 접종을 하기로 하거나 코로나 검사를 받을 필요가 있다고 생각한다 해도, 개인의 선택을 위해 그린

1 『마태오의 복음서(The Gospel According to Matthew)』 4장 4절 내용이다. 이 복음서는 세계 전도의 필요성을 이야기한다. 저작 시기는 80~90년경으로 추정된다. 부활한 예수가 제자들에게 내린 전도 명령으로 마무리된다.

패스를 강요하지 않을 것입니다. 다른 선택을 한 사람들에게 그 선택이 결코 차별의 원인이 되어선 안 됩니다."

"동료 총장에게

안드레아 캄페리오 치아니. 자유로운 파도바대학교라고 불리는 곳의 정교수인 나는 그린 패스가 강의 진행을 위한 필수 요건이라는 교칙에 따라 공식적으로 선언합니다. 이탈리아 대학 및 연구부 장관 마리아 크리스티나 메사와 보건부 장관 로베르트토 스페란자에게 알립니다. 내 그린 패스를, 당신들께 제공하는 명예와 존엄을 반납합니다."

다른 교수들도 이들의 예처럼 행동할 경우 악명높은 정부의 법령에 따라 2급 시민으로 차별받고 모든 권한과 지위를 빼앗길 것이다. 동시에 백신으로 인한 사망이나 부상 등 모든 책임에서 제외된다는 특령 대상에 해당할 것이다. 2년의 예외상태 동안 박탈된 기본적인 자유를, 초·중·고와 대학교에서도 사라져 버린 정치적 의식을 되찾아야 할 때다.

2021년 8월 28일

XII

Una comunità nella società

‘서구 세계의 정치실험실’ 이탈리아는 강대국의 전략이 가장 먼저 극단적인 형태로 구체화되는 곳으로, 지금은 인도적·정치적으로 붕괴한 나라가 되었다. 아울러 파렴치하고 무자비한 권력 집단이 대중과 견고하게 손을 맞잡고 있다. 이탈리아는 사이비 종교의 손아귀에 한때 헌법상의 자유라고 불렸던 것뿐만 아니라 따뜻한 인간관계까지도 희생할 준비가 돼 있다.

그린 패스가 정상 상태로의 복귀를 의미한다는 믿음은 정말 순진한 발상이다. 3차 백신이 이미 시행되고 있듯, 정부와 권력층이 유용하다고 판단하는 한 새로운 백신이 처방되고 또 다른 긴급상황이 터지고, 새로운 비상 상황과 적색 경고가 선포될 것이다. ‘무엇보다도(in primis)’ 어리석게 순종한 자들이 그 대가를 치를 것이다.

현 상황에 반대하는 정치인들은 곧바로 저항 수단을 모두 포기하지 말고 사회 내 다양한 공동체들을, 그러니까 적대감과 거리감이 만연한 사회에서도 이웃들과 친구들로 구성된 조직을 만들 생각을 해야 한다. 최대한 제도권으로부터 독립적이어야 할, 이 합법적이지 않은 새로운 조직은 때로 재설계와 실험이 필요할 것이다. 그러나 새로운 조직만이 의식적으로 자기 파괴를 자행하는 이 세상에서 인간의 생존을 보장할 수 있을 것이다.

2021년 9월 17일

XIII

Intervento al Senato del 7 ottobre 2021

2021년 10월 7일 상원 헌법위원회에서 한 연설[1]

법령 개정안을 표결에 부쳐야 하는 의원님들이 주목했으면 하는 두 가지 쟁점만 언급하겠습니다.

먼저 문제 많은 이 법령이 '명백한 모순덩어리'라는 점입니다. 2021년 44호 '형법 보호'[2]로 알려진 특별 법령을 제정한 정부는 백신 접종으로 인한 피해 책임을 면제받았습니다. 법령 3조에서 과실치사 및 과실로 인한 상해에 관한 형법 589조 및 590조가 분명하게 언급하고 있는 이 사실을 말이죠. 모순이 얼마나 심각한지 보여주는 셈입니다.

권위 있는 법학자들이 지적하였듯 국가는 임상시험 단계를 마치지 않은 백신을 책임지고 싶지 않은 동시에 모든 수단을 통해 국민에게 백신 접종을 강요하고 있습니다. 미접종자는 사회생활에서 배제되고 심지어 곧 투표에 부쳐질 새로운 법령에 따라 일할 기회조차 박탈당할 수도 있습니다.

법적·도덕적으로 이보다 더 비정상적인 경우를 상상할 수 있습니까? 심각한 결과를 초래할 수 있어도 모든 책임을 공식적으

1 2021년 10월 7일 아감벤은 이탈리아 상원 헌법위원회에서 그린 패스와 관련해 연설을 했는데, 이 글은 그 연설문의 전문이다.

2 '형법 보호(scudo penale)'는 운전자들을 형사 기소로부터 보호할 수 있는 제도를 말한다.

로 부인하는 이 국가가 백신 접종 거부자들이 무책임하다고 어떻게 비난할 수 있단 말입니까? 형법 589조와 590조를 떠올려보십시오.

여러분들이 통과시키려는 내용은 법을 괴물로 만드는 사안이라고 생각합니다. 이런 모순을 국회의원분들이 숙고해 주시기 바랍니다.

제가 두 번째로 말씀드리고 싶은 것은 백신의 '의학적' 문제가 아니라 그린 패스의 '정치적'인 문제입니다. 이를 혼동해서는 안 됩니다. 우리는 여태까지 이동증명서를 제시할 의무 없이 지내면서 온갖 종류의 백신을 만들어 왔습니다. 과학자들과 의사들은 그린 패스가 그 자체로 보건 의학적 의미가 없지만, 사람들의 백신 접종을 유도하고 있다고 합니다.

그러나 저는 이를 넘어선 다른 차원에서 사안을 검토해야 한다고 생각합니다. 즉 백신이 국민에게 그린 패스를 소지하도록 강제하는 수단이라는 것입니다. 모두의 활동과 이동을 전례 없는 수준으로 통제하고 추적할 수 있게 하는 장치라는 것입니다.

정치학자들은 현 사회가 '규율 사회'[3]라고 불렸던 모델에서 무제한 디지털 통제를 기반으로 개인행동이 알고리즘으로 정량화할 수 있는 '통제 사회'로 넘어갔다는 사실을 오래전부터 알고 있었

3 푸코(Michel Foucault, 1926-1984)는 권력 집단이 감옥·군대·학교 등 규율을 통해 힘을 행사하면서 구성원을 통제하는 사회를 '규율 사회'라고 불렀다. 또 그는 근대사회의 특징 가운데 하나는 규율적 권력을 통해 인간을 지배하며, 처벌을 무기로 지배 효용을 극대화한다고 지적했다.

습니다. 우리는 이제 통제 장치에 익숙해지고 말았습니다. 그렇다면 이 속박을 어디까지 받아들일 것입니까? 민주주의 시민들이 스탈린 치하 소비에트 연방 주민들보다 열악한 상황이라는 게 말이 된다고 보십니까? 여러분은 소비에트 시절 주민들이 여행을 위해 '프로피스카'[4]를 지참해야 한다는 걸 알고 있겠지만, 우리 역시 마찬가지입니다. 영화관이나 식당을 가기 위해, 더욱 심각하게는 출근을 위해 그린 패스를 제시해야 합니다. 그리고 1938년 비 아리아인에 관한 전체주의 헌법 시행 이후 처음으로 엄격한 '법적 제한'을 받는 2급 시민이 '법적으로' 만들어졌다는 사실을 어떻게 받아들일 수 있습니까? 예전 그 악명높던 법과 크게 다를 바가 있습니까?

모든 것이 한 사람에 의해 정해진 것처럼 상호 연결된 법령은 정부가 패러다임과 제도와 정교하게 조정하는 과정의 산물로 보입니다. 파시즘의 경우 헌법 내용을 변경하지 않고 체제를 완수했습니다. 따라서 조금씩 침식당하며 설 자리를 잃어가는 정치 모델은 헌법적 보장이 있는 의회 민주주의일 것이며, 그 자리에 바이오 보안과 보건 통제라는 명목으로 개인의 자유를 침해하고 제한 요건을 늘린 정부 패러다임이 등장할 것입니다.

바이러스 감염 우려와 건강에 관한 배타적인 관심은 정치 영역

4 프로피스카(propiska)는 거주 이전의 자유를 통제하는 제도로, 특정 지역에서의 영구거주권을 뜻한다.

에서 일어나고 있는 '거대한 전환'을 인식하지 못하게 합니다. 정부 스스로 우리에게 보건 공포를 끊임없이 상기시키기 때문에 결국 비상사태는 일시적인 현상이 아니라 새로운 정부의 형태로 볼 수 있습니다.

이런 까닭으로 국회의원들은 현재진행형인 변화에 극도로 주의를 기울이며 숙고해야 합니다. 국회와 거의 관련 없는 조직과 인물들이 발효한 '바이오 보안'이라는 법령이 승인되는 것처럼 이 전환은 장기적으로 국회의 권한을 축소하고 제거하려 할 것입니다.

XIV

Intervento al convegno degli studenti veneziano contro il greenpass
l'11 novembre 2021 a Ca' Sagredo I

우선 저는 눈앞에서 은밀하지만 급작스럽게 벌어지는 변화를 정의하기 위해 며칠 전부터 시도했던 걸 다시 하고자 합니다. 무엇보다 현재의 법적·정치적 질서는 익히 믿었던 것과는 완전히 바뀌었다는 사실을 깨달아야 한다고 생각합니다. 전환의 주체는 매우 명백하게도 법과 정치 사이에 존재하는 사각지대, 즉 비상 시국일 때 나타났습니다.

20여 년 전, 예외상태 이론에 관한 책에서 저는 예외상태가 정상적인 정부 시스템으로 변해가고 있다는 점을 발견했습니다. 여러분도 잘 아시다시피 예외상태는 헌법 효력이 정지된 상태고, 그런 까닭으로 법이 정지됐으면서도 법체계가 적용될 것으로 예상되는 아노미[1] 상태입니다.

그러면 예외상태에서 어떤 일이 벌어지는지 자세히 살펴봅시다. 학술적인 관점에서 보면 법과 법의 집행력은 형식적인 의미에서 분리돼 있는 겁니다. 예외상태는 그러니까 여러 가지 '법의 상태' 중 하나로, 법이 이론적으로는 유효하지만 실효력이 없으며 적

1 아노미(Anomi)는 행위를 규제하는 공통 가치나 도덕 기준이 없는 혼돈 상태를 뜻한다. 프랑스의 사회학자 뒤르켐(Emile Durkheim, 1858-1917)이 주장한 사회 병리학의 기본 개념 가운데 하나다. 한 사회 체제가 아노미 상태에 있을 때는 공통의 가치관 등이 이해되거나 받아들여지지 않으며 새로운 가치관도 나타나지 않는 상태에서 대다수 사회구성원들은 무기력과 목적의식 결여 등을 경험한다.

©Corriere della Sera

베네치아를 중심으로 이탈리아 베네토 주 전역에서는 그린 패스에 반대하는 집회가 열렸다. 주축은 20대 대학생들이었으나 사회 각계 각층이 한목소리로 이탈리아 정부의 행정 조치를 규탄했다.

용되지 않고 중단된 것입니다. 다른 한편으로는 법적 효력이 없는 규정과 조치가 그 지위를 지니는 걸 의미합니다. 결국 예외상태에서 가장 위험한 부분은 법이 없는 '부동의 법'이 효력을 지니는 것이라 볼 수 있습니다. 예외상태를 법질서의 내부 요소로 보든 외부 요소로 보든 어쨌든 정의하자면 '법질서의 일식 상태'로 설명할 수 있습니다. 이는 천문학의 일식처럼 이어지지만, 더 이상 빛을 발산하지 않고 칠흑 같은 어둠뿐입니다.

그 첫 결과는 법질서의 기본 원칙, 확실성이 무너진 것입니다. 국가가 긴급상황을 이유로 현상에 대한 통제를 규율로 만드는 대신 15일마다 혹은 매달 개입함으로써 법질서는 더 이상 법을 법답게 만드는 합법성의 원칙에 부응하지 못합니다. 합법성의 원칙은 국가가 법질서를 제시하고 시민들이 그 법과 법의 안정성을 신뢰한다는 게 전제되기 때문입니다.

법질서의 확실성이 폐지된다는 게 바로 제가 여러분께 강조하고 싶은 첫 번째 사실입니다. 이는 법질서에 관계된 것뿐만 아닙니다. 삶의 방식의 근본 변화를 의미하고, 우리를 불법이 정상화된 상태에서 살아가게 만듭니다.

현재 법의 패러다임은 그 자체로는 확정적이지 않기에 누군가의 개입이 요구되는 '필요상태'·'보안'·'공공질서' 같은 모호한 조항이나 문구로 대체되고 있습니다. 사실상 우리가 논의하는 것은 법률이나 헌법이 아닙니다. 오늘날 목격한 것처럼 법체계와 결코 관련이 없는 위원회나 의사 개인 혹은 전문가에 의해 바뀌는 법의 효력에 대해 말하고 있습니다.

XV

Intervento al convegno degli studenti veneziano contro il greenpass

l'11 novembre 2021 a Ca' Sagredo II

저는 우리가 소위 이중상태의 어느 한 형태에 직면해 있다고 생각합니다. 에른스트 프랭켈[1]은 1941년 발간된, 다시 읽어봐야 할 그의 저서에서 이중상태가 학술적으로는 예외상태가 해제된 적이 없는 나치즘이라고 설명하고자 했습니다. 이중상태는 '규범 상태(Normenstaat)'에 '임의적 상태(Massnahmestaat)'가 수반되고 정부가 이와 의뭉스럽게 협력하여 작동하는 상태입니다. 이러한 관점에서 본다면 프랭켈의 글은 의미심장합니다.

"독일 자본주의의 구원을 위해서는 단일국가가 아니라 정치적 차원에서는 자의적이고, 경제적 차원에서는 이성적인 이중국가가 필요하다."[2]

우리는 이 이중상태의 연장선 상에서 위 문장이 시사하는 바를 간과해서는 안 되고, 눈앞에서 벌어지고 있는 정부와 국가 형태의 변화와 관련된 것들을 살펴야 합니다. 미국 정치학자들이 '행정국

1 프랭켈(Ernst Fraenkel, 1898-1975)은 독일 쾰른의 유대인 가정에서 태어났다. 사회주의와 자유민주주의를 한데 엮은 사회민주주의에 심취했으며 노동법 변호사로도 활동했다. 나치즘과 공산주의를 동시에 부정하다 1939년 미국으로 망명했다. 한국전쟁 후에는 미군정 법률고문으로 활동했으며, 우리나라의 제헌헌법 제정에도 깊이 관여했다.

2 프랭켈의 책 『Der Doppelstaat, Europäische Verlagsanstalt/Rotbuch Verlag』(1974)와 『Oorspronkelijk verschenen (en daarna terugvertaald) als The Dual State』(1941)를 인용했다.

가(The administrative State)'라고 부르는 것 말입니다. 이 행정국가는 선스타인과 베르뮬이 최근 발간한 책 『법과 리바이어던. 행정국가로 회복하기』[3]에서 이론적 토대를 찾을 수 있습니다. 이는 통치를 실행하는 거버넌스가 전통적인 권력분립(입법부·사법부·행정부)을 무시하는 국가 모델로, 헌법상 집행권이 없는 기관이 행정을 명분으로 삼권분립에 명시된 기능을 임의로 휘두르고 권한을 행사하는 것입니다.

이는 순전히 '행정 리바이어던'이라 볼 수 있습니다. 시민의 자유를 보장하기 위한 게 아니라, 법률과 헌법상의 질서를 위반하더라도 집단의 이익 추구를 위해 행동하는 걸 의미합니다. 선스타인은 이를 조종 가능성, 한마디로 국정 수행능력이라 불렀습니다. 이는 현재 법질서의 제정 및 집행 권한이 기존 의사 결정 구조에서 벗어난 위원회와 주체(의사·경제학자·전문가)에 의해 행사되고 있는 것을 볼 때, 너무도 자명합니다.

이런 실재적 절차를 통해 헌법은 국회가 제시한 수정 권한보다 훨씬 실질적인 방식으로 바뀔 겁니다. 따라서 헌법은 궁극적으로 마르크스의 제자[4]가 말한 것처럼 '종이 한 장(Papier Stück)'에 불과합니다. 그리고 이러한 변화는 나치 거버넌스의 이중구조를 모델로 하고 있다는 점이 의미깊습니다. 이 지점에서는 어쩌면 '정부'

3 선스타인(Cass R. Sunstein, 1954-)과 베르뮬(Adrian Vermeule, 1968-)은 미국의 법학자다. 아감벤이 언급한 책은 『Law and Leviathan. Redeeming the Administrative State』(2020)다.

4 여기서 아감벤은 블라디미르 레닌(Vladimir Lenin, 1870-1924)을 언급하고 있다.

그 자체에 혹은 '사이버네틱스'[5], 정부의 통치 기술과 같은 정치 개념에 의문을 제기하는 게 매우 중요할 것 같습니다.

현대 국가는 보장할 수 없는 조건 위에 존재합니다. 제가 여러분께 말씀드리고자 한 상황은 이러한 보장할 수 없는 상황이 임계점에 도달한 형태일 수도 있습니다. 오늘날 명백하게 볼 수 있는 것처럼 불확실성의 현대 국가는 역사의 끝에 이르렀을지 모릅니다. 우리 경험이 바로 그 마지막일 수 있습니다.

저는 오늘날 우리가 시도할 수 있거나 해야 할 일에 대한 모든 논의는, 현대 문명이 이제 붕괴했으며 자본을 기반으로 하는 회사로 본다면 파산했다는 인식에서 출발해야 한다고 봅니다. 우리의 문명과 문화가 파국을 맞고 있다는 건 지난 수십 년 동안 명백히 드러났습니다. 20세기 가장 명석한 인물들은 주저 없이 그렇게 진단했습니다. 적어도 지금보다 훨씬 나아 보였던 1960년대에도 파솔리니[6]와 모란테가 주변에서 조금씩 자라나는 비인간성과 야만을 강력하게 고발하며 얼마나 우려했던가요.

오늘날 우리는 더 이상 멸망의 문턱에 있는 것이 아닙니다. 가장 극단적인 형태의 지성적·윤리적·종교적·법적·정치적·경제적 붕괴 속에서, 결코 유쾌하지 않지만 앞서 언급한 것보다 더욱 진실에 가까운 경험을 했습니다. 법을 대신한 예외상태, 진리를 대신할

5 생물과 기계를 결합한 제어·정보·통신을 종합적으로 연구하는 학문이다. 인공지능학이 대표적이다.

6 파솔리니(Pier Paolo Pasolini, 1922-1975)는 이탈리아의 시인이자 영화감독으로, 숱한 문제작을 낳은 예술가였다. 파솔리니만큼 많은 스캔들을 불러일으킨 영화사의 거장도 없다는 평을 받는다.

아렌트(Hannah Arendt, 1906-1975)는
독일 태생의 유대인 철학사상가로,
세계사적 사건을 두루 겪었다. 그는
전체주의에 대해 통렬히 비판했다. 특히
홀로코스트 실행자인 아이히만(Otto
Adolf Eichmann, 1906-1962)을
분석적으로 탐구해 '악의 평범성'을
지적했다.

정보, 구원을 대신할 건강, 종교를 대신할 의학, 정치를 대신할 기술 말입니다.

이제 어떻게 해야 할까요? 개인적인 차원에서는 물론 더는 그 이유가 없는 것 같아도, 나아지도록 계속 노력해야 합니다. 하지만 이것만으로는 충분하지 않습니다. 이 시대에도 공감될 만한, 『어두운 시대의 사람들』이라는 책을 쓴 한나 아렌트[7]는 이렇게 고민했습니다.

"사회에서 추방당하거나(그의 시대 유대인들에게 일어난 일) 멀리 떨어져 있어야만 해도(나치들이 '내부 이주'라 부르는, 역설적인 표현을 선택한 자들처럼) 여전히 우리에게 이 세상과 공동체에 대한 의무가 남아 있는 것일까."

나는 우리가 오늘날 비슷한 상황에 처한 까닭이 외부에 의한 강요라는 걸 잊지 않았으면 합니다. 비록 세상 밖 외부에 있는 것처럼 보일지라도, 실상 어떤 경우에도 모두 정치적인 선택의 결과입니다.

아렌트는 암울한 시대의 정치를 위한 토대로 우정의 중요성을 역설했습니다. 저는 우정, 즉 존재에 대한 우리 자신의 경험으로부

7 아감벤이 언급한 그의 책 제목은 『Men In Dark Time』(1968)이다.

터 타자성을 느끼도록 하는 게 일종의 정치 행위의 최소값이자 개인을 공동체와 하나로 묶고 나누는 경계라는 것을 떠올린다면, 아렌트의 표현이 정확하다고 생각합니다. 모든 영역에서 사회나 공동체를 구성하려는 노력, 그 이상 중요한 것은 없다는 걸 떠올려보면 그렇습니다. 한 마디로 개인의 탈정치화 현상을 직면하여 우정의 테두리 안에서 정치 혁신의 근본 원칙을 재발견하자는 것입니다.

제가 보기엔 학생 여러분들이 조직을 만들면서 이미 변화의 바람을 일으키려는 것 같습니다. 인간답게 살 가능성이 여기에 달렸기때문에 여러분은 점점 더 세력을 늘려야 합니다.

XVI

Intervento al convegno degli studenti veneziano contro il greenpass

l'11 novembre 2021 a Ca' Sagredo III

그린 패스에 반대하는 베네치아 학생들에게 III

끝으로 오늘 이 자리에 저를 초대해 준 학생들에게 말씀드리고 싶습니다. 모든 학문 연구의 기초가 되어야 하지만, 대학들은 입도 뻥긋 않는 한 가지 사실을 여러분들에게 떠올려주고자 합니다.

국가나 어떤 체제가 성립되기 전, 인간은 언어로 구성된 중요한 거주지를 지니고 있었습니다. 저는 이 장소가 어떻게 조작되고 변형되었는지 탐구하고 이해할 수 있을 때, 눈앞에 벌어지고 있는 정치적·법적 변화가 어디서 어떻게 벌어진 건지 깨달을 수 있다고 생각합니다.

제가 여러분께 제안하고 싶은 이론은 언어와의 관계 변화가 사회 변화의 전제조건이라는 것입니다. 그리고 우리가 이를 깨닫지 못하는 까닭은, 언어가 말해지고 정의되어 우리가 이해할 수 있는 개념 속에 숨어 버렸기 때문입니다. 언젠가 철학자이자 정신분석가인 한 남자는 이렇게 말했습니다.

"말하는 것은 말하는 것이 의미한 것에 의해 가려진다."[1]

1 프랑스 철학자 자크 라캉(Jacques Lacan, 1901-1981)의 문장을 인용하고 있다. 원어는 'Qu'on dise reste oublié derrière ce qui se dit dans ce qui s'entend'으로 『L'étourdit, Autres écrits』(1972) 449페이지에 나오는 표현이다.

©La Stampa

백신 접종 반대 및 그린 패스 도입 폐지론은 2021년 이탈리아 사회를 가장 들끓게 한 이슈였다. 사진 속 여성이 들고 있는 팻말에는 '자유는 인류 역사상 가장 전염이 강한 바이러스다'라는 문구가 써 있다. 이 명언 미국 제38대 부통령 휴버트 험프리(Hubert Horatio Humphrey, Jr., 1911-1978)가 처음 쓴 것으로 알려져 있다.

우리는 근대의 시작점을 영국 산업혁명과 프랑스 대혁명으로 꼽는 데 익숙합니다. 그렇지만 인간과 언어의 관계 속에서 어떤 혁명적 사건이 폴라니가 명명한 '거대한 전환'[2]을 가능하게 했는지는 궁금해하지 않습니다.

근대(성)를 낳은 혁명들이 인간 이성에 대한 문제를 고민하기 전, 인간을 말하는 동물로 상정하지 않았다는 게 매우 의미심장합니다. '이성'을 뜻하는 라티오(Ratio)[3]는 '세다, 계산하다'를 의미하는 레오르(reor)에서 유래했지만 라티오넴 레데레(rationem reddere), 말하자면 '설명하다'라는 의미로 쓰이기도 합니다.

신성화된 이성에 대한 환상은, 우리가 자연과 인간의 삶을 온전히 설명하고 지배할 수 있게 하는 언어와 언어적 경험의 '합리화'를 동일시합니다. 그리고 오늘날 우리가 과학이라고 부르는 게 언어를 정보 교환의 매개 도구로 국한시키고 화자에게서 단어가 지닌 윤리적·시적·철학적 모든 경험을 제거하려는 게 아니라면 무엇이겠습니까?

과학이 행복에 대한 우리 요구에 결코 답을 줄 수 없다면, 이는 과학이 궁극적으로 인간을 말하는 존재가 아닌 침묵하는 생물학적 존재로 전제하기 때문입니다. 그리고 이미 일어난 일처럼 화자와 언어의 관계가 진실과 거짓을 구분하지 못하도록 변한 것일 걸

2 헝가리 역사가이자 인류학자, 경제인 칼 폴라니(Karl Polanyi, 1886-1964)의 책 『거대한 전환(The Great Transformation)』(1944)에서 내용을 언급하고 있다.

3 아감벤은 근대성을 설명하며, 라티오가 어떻게 근대성에 포섭되고 배제되는지 주목했다.

까요? 오늘날 의사·법학자·과학자들이 진실에 관한 의문을 그저 거부하는 담론을 받아들인다면, 그들은 대가를 받지 않으면 자신의 언어로는 더 이상 사유할 수 없다는 걸 의미할 겁니다. 그러니까 '팬데레(pendere)에서 유래한 팬사레(pensare)'[4]가 멈춘다면, 그들의 단지 계산기일 뿐입니다.

20세기 윤리학의 걸작으로 꼽히는 한나 아렌트의 아이히만에 관한 책[5]에서 그는 아이히만이 완벽하게 이성적인 사람이었지만 명령에 따라서만 움직였다는 사실에 주목했습니다. 한 마디로 아이히만은 그의 정신세계를 지배하는 담론의 흐름을 멈출 수 없었으며 문제 제기조차 할 수 없었고 단지 명령만 수행했던 것입니다.

우리 앞에 놓인 첫 번째 과제는, 순수하고 거의 방언에 가깝고, 다른 말로는 시적이며, 우리를 사고하게 만드는 언어를 되찾는 것입니다. 오로지 이 방식으로만 인류가 스스로 택한 막다른 골목에서 벗어날 것입니다. 물리적인 위기가 아니라 윤리적·정치적 멸종에서 말입니다. 사유를 되찾는 것입니다. 공식화하고 형식화할 수 없는 자유로운 방언 같은 사유를요.

2021년 11월 11일
카 사그레도 호텔에 모인 이들에게

4 두 단어 모두 이탈리아어다. pendere는 '매달리다'라는 뜻이다. pensare는 '생각하다'라는 의미로 pendere를 어원으로 한다.

5 아감벤은 아렌트의 『예루살렘의 아이히만(Eichmann in Jerusalem)』(1963)에서 제시한 '악의 평범성' 개념을 여기서도 언급하고 있다.

XVII

Lascia pur grattar dov'è la rogna

옴이 있는 곳을 긁게 만들어라

그들은 말하지 않을 것이다. 시대는 어두웠다고.
하지만 당신들은 왜 침묵했습니까?

- 베르톨트 브레히트[1]

그런데도 모든 거짓말을 떨쳐버리고
네가 본 모든 것을 드러내서
옴이 있는 곳은 긁게 만들어라.
처음에는 당신의 목소리는 성가시겠지만,
나중에 소화될 때는
생명의 자양분이 될 것이다.

- 단테 알레기에리[2]

어딘가 어떤 거짓의 세계에서 진실을 증언한 자들의 이름이 적힌 종이 한 장이 있다. 이 종이는 존재하지만, 읽을 수 없다.

그리고 완벽하게 읽을 수 있는, 같은 이름이 새겨진 또 다른 종

1 브레히트(Bertolt Brecht, 1898-1956)는 독일의 극작가이자 시인이다. 독일 문학계는 물론 세계 연극계에 족적을 남겼다. 아감벤은 브레히트의 시 「어두운 시대에(In Dark Times)」(1937)를 각색해 인용하고 있다.

2 단테(Dante Alighieri, 1265-1321)의 『신곡』 천국편 17곡 127-132를 인용하고 있다.

이 한 장이 있다.

이 종이는 경찰과 언론인들 손에 있다.

2022년 1월 26일

XVIII

Stato di eccezione e guerra civile

예외상태와 내전

몇 년 전에 출판한 『스타시스. 정치적 패러다임으로서 내전』[1]이라는 책을 통해 나는 '가능성'이라는 용어를 강조하며, 고대 그리스에서는 내전 가능성이 오이코스와 폴리스[2] 사이의 정치적 구분 장치, 일종의 문턱으로 기능했으며 이것이 없었다면 정치적 삶을 상상할 수 없다고 했다.

스타시스(Stasis), 한 마디로 내전이 없다면 시민들은 극단적인 형태의 반발을 일으킬 것이며 폴리스는 더는 폴리스가 아니었을 것이다. 스타시스와 정치의 구성적 연관성은 이해하기 어렵기에 내전 상태를 배제하고 자신들의 정치 개념을 만든 사상가들, 다시 말해 홉스를 기반으로 한 학자들조차 사실상 개념 연결 가능성을 남겨두었다.

내가 제안하고자 하는 가설은, 지금 우리가 마주한 상황이 진정 탈정치화에 도달한 것이라면, 스타시스의 의미와 존재 가능성 자체가 최근 수십 년간 정치적 성찰 과정에서 완전히 배제되었다는 것이다. 이는 은연중에 내전 상태가 테러리즘과 동일시되었다는

1 원서 제목은 『Stasis. La guerra civile come praigma politico』(2015)다. 아감벤은 『호모사케르(Homo Sacer)』(1995)의 연작으로 이 책을 출간했다. '스타시스'는 고대 그리스 시대 '내전'을 의미하는데, 아감벤은 '내전'이 서구 정치화의 근본적인 '문턱'을 구성한다고 주장한다.

2 이 글에서 오이코스(Oikos)는 노예·여성·어린이들을 의미하기도 하며, 이들이 생명을 영위하는 공간을 뜻하기도 한다. 오이코스들이 폴리스(Polis) 내 모든 경제 활동을 담당해 시민은 문화·정치 활동에 전념할 수 있었다.

아감벤은 그의 저서를 통해 현대
정치철학의 시작점이라 일컬어지는
홉스의 '리바이어던'에 대한 해석은 물론
현대적 의미의 재해석까지 다뤘다. 그는
리바이어던을 통해 현대 사회에 벌어지는
일들은 물론 역사적 사건을 통찰한다.

『Liber Floridus』(1120)에 실린 리바이어던.

걸 의미한다. 내전 가능성이 없는 사회, 다시 말해 극단적인 형태의 이견이 배제된 사회는 전체주의에 빠져들 수밖에 없다. 나는 극단적인 반대를 마주할 가능성을 고려하지 않는, 그러니까 동의 가능성만 인정하는 사고 체계를 전체주의적 사유라고 본다. 그리고 민주주의가 전체주의로 뒷걸음질 친 것이 민주주의보다 정치 행위의 유일한 기준으로 볼 수 있는 헌법적 합의를 통해 이뤄졌다는 점은 결코 우연은 아니다. 역사가 우리에게 일러주는 것처럼 말이다.

종종 그렇듯 의식에서 제거된 무언가는 병적인 형태로 다시 도진다. 오늘날 주변에서는 스타시스에 관한 망각과 부주의가 나란히 행해지고 있다. 일종의 세계적 내전이 일어나자 이 주제를 진지하게 연구한 몇 안 되는 사람 중 한 명인 로만 슈누어[3]는 이미 이를 고찰했다. 그뿐만 아니라 법학자와 정치학자들이 오래전부터 주목한 것처럼 전쟁은 더 이상 공식적으로 선언되지 않고 경찰 작전으로 변형돼 내전으로 치환되고 있다. 이 점을 간과해서는 안 된다. 최근 특히 주목할 점은 내전이 예외상태의 체재를 만들면서 정부 통치 도구로 변모하고 있다는 것이다.

지난 2년간 정부가 시행한 법령과 관련 판례를 분석해 보면 인간을 대립하는 두 집단—확진자와 건강한 사람 그리고 백신 접종

3 슈뉴어(Roman Schnur, 1927-1996)는 독일 출신의 법학자이자 정치 철학가다.

자와 미접종자, 그린 패스가 있는 자와 없는 자, 사회생활에 포함된 자와 배제된 자로 나누고 둘 사이에 피할 수 없는 갈등 국면을 조장하는 것을 목표한 게 분명해 보인다. 어찌 됐든 마치 내전처럼 시민들 간 단합은 실패했다. 우리가 깨닫지 못하는 사이 눈앞에서 법과 정치, 둘의 구성적 한계는 어떠한 견제도 없이 정부의 정상적인 형태로 악용되고 있다. 고대 그리스에서 스타시스는 정치적 삶의 중단을 의미하는 한 어떤 이유로도 은폐되거나 다른 규범으로 대체될 수 없었다. 그러나 오늘날의 스타시스는 마치 예외상태처럼 정부의 결정적인 패러다임이 되고 있다.

2022년 4월 9일
두프레 위원회에 일부 실린 내용[4]

4 두프레(DuPre, Dubbio e Precauzione) 위원회는 이탈리아 토리노 대학교에서 2021년 11월 10일과 12월 8일에 열린 두 차례의 대면 및 비대면 국제학회를 거쳐 설립됐다. 조르조 아감벤·마리아노 비차리·마시모 카치아리·우고 마테이 등이 주도해 운영되고 있다. 다양한 분야 과학자들의 보고서와 담론이 발표됐고, 법학자와 철학자와 젊은 학자들도 참여했다.

XIX

Sul diritto di resistenza

저항권에 관하여

저항과 내전에 관한 몇 가지 고찰을 여러분과 공유하고자 한다. 폭군 살해를 찬양했던 전통이 있는 고대와 중세에 저항권이 존재했다는 사실을 새삼 재조명하려는 게 아니다. 토마스 아퀴나스는 공동선에 대한 당파적 이해를 대체하는 개념인 유스툼(iustum)[1], 즉 독재정권은 정당성을 갖지 못한다는 원칙을 통해 스콜라 철학의 입장을 정리했다. 따라서 토마스 아퀴나스에 따르면 저항은 '혼란(perturbatio)'이며 체제에 반대하는 저항은 '폭동(seditio)'이 아니다.

문제는 특정 체제의 폭압적 성격을 정의하려면 필연적으로 어느 정도의 모호성이 따른다는 점이다. 바르톨로 치카르디니[2]는 겔피당과 기벨리니 당에 관한 글을 통해 폭군을 '명분 부족(ex defectu tituli)'과 '군사적인 측면(ex parte exercitii)'으로 구별했지만, 그 외 저항의 원인에 대한 고찰에는 미치지 못했다.

모호성의 문제는 1947년 이탈리아 헌법에 저항권을 포함하는 논의에서 다시 떠오른다. 여러분이 알다시피 주세페 도세티[3]는 이

1 '정의로운'이라는 의미의 라틴어 형용사 iustus의 변형 형태다. 아감벤은 여기서 '정당성'이라는 의미로 이 단어를 사용했다.

2 이탈리아 정치가이자 기자 치카르디니(Bartolo Ciccardini, 1928-2014)가 출간한 『4월 18일을 기다리며. 통일 이탈리아의 겔피당과 기벨리니 당에 대해(Aspettando il 18 aprile: tra guelfi e ghibellini nell'Italia unita)』(2008)를 언급하고 있다.

3 도세티(Giuseppe Dossetti, 1913-1996)는 이탈리아의 법학자, 정치가이자 신학자다.

때 '헌법이 보장하는 기본적인 자유와 권리를 침해하는 공권력 행위를 향한 개인과 집단의 저항은 국민의 권리이자 의무'라는 조항이 포함돼야 한다고 제안했다.

알도 모로[4]도 지지했던 이 조항은 결국 헌법에 포함되지 않았다. 그리고 이 헌법문을 준비했던, 75인 위원회 의장을 맡다가 몇 년 후 상원의원 의장이 된 메우치오 루이니[5]는 당시 '사기법'이라 불리는 법안에 대해 의회 내 논쟁이 격화되지 않도록 노력해야 했기에 뒤늦게 투표에 부치도록 하였다. 그 결과가 부정적일 것이라는 것을 알면서도.

그러나 코스탄티노 모르타티[6]를 비롯한 법학자들이 실증법과 혁명의 관계를 법적으로 규정할 수 없다는 걸 알면서도 주저하거나 반대하는 사람이 없었다는 점을 부정할 수는 없다.

문제는 근대(성)에서 그토록 중요한 정당의 모습과 관련해 슈미트가 '비정상적 규제'로 정의한 것이 논쟁거리가 된다는 점이다. 법학자들이 실증법과 '혁명'의 관계를 논의한 것이 흥미롭다. 내가 볼 때 정확히는 '내전'을 논의하는 것처럼 보인다. 저항권과 내전 상태 사이에 선을 긋는 방법은 무엇일까? 내전은 결국 진지한 논의 끝에 합의된 저항할 권리의 불가피한 결과가 아닐까?

내가 오늘 여러분에게 제안하려는 가설은, 저항권 문제를 설정

4 모로(Aldo Moro, 1916-1978)는 제41대 이탈리아 총리를 역임했으며, 기독교민주당(Democrazia Cristiana)의 창시자다. 1960-70년대 중도좌파 정부를 이끌고 공산당(Partito Comunista Italiano)과 역사적인 타협을 이끌었지만, 1978년 3월 16일 이탈리아 극좌 단체 '붉은 여단(Brigate Rosse)'에 납치된 후 같은 해 5월 9일 시신으로 발견됐다.

5 루이니(Meuccio Ruini, 1877-1970)은 20세기 중반 이탈리아의 유력 정치인이다. 1953년에는 상원의원장, 1963년에는 종신 상원의원이 되었다.

6 모르타티(Costantino Mortati, 1891-1985)는 알바니아 출신 이탈리아인이다. 입헌주의자이며 20세기 이탈리아에서 가장 권위 있는 법학자 중 한 명으로 꼽힌다.

아감벤은 내전 상태와 테러 행위의 구분이 모호해진 근대국가의 모습을 날카롭게 지적한다. 모로 피살 사건은 테러 행위로 볼 수 있지만, 당대 권력 집단에게는 '내전'의 한 형태로 악용됐다고 볼 수 있다.

하는 이러한 방식이 본질적인 부분, 즉 근대 국가—나폴레옹 이후 탄생한 국가 체제의 근본적인 변화를 간과하고 있다는 것이다. 우선 이 변화 양태를 고려하지 않으면 저항권에 대해 논의할 수 없다.

유럽 공법은 기본적으로 전쟁법(jus belli)이다. 근대 국가는 대개 폭력 행위의 독점, 더 구체적으로는 국가에 의한 독점으로 정의된다. 국가는 오늘날 우리가 보는 바와 같이 새로운 형태의 전쟁을 고안해서라도 이 같은 권리를 포기하지 않는다.

전쟁법은 전쟁을 일으키고 군대를 통솔할 수 있는 권리일 뿐 아니라 전쟁 행위를 법적으로 규제할 수 있는 권리이기도 하다. 따라서 전쟁 상태와 평화 상태, 공공의 적과 범죄자, 민간인과 전투 병력, 군인과 파르티잔[7]을 구분한다.

우리는 전쟁법의 기본적인 특성이 사라진 지 오래되었다는 걸 알고 있다. 나의 가설은 국가의 본성 역시 전쟁법처럼 본질적으로 변했다는 것이다.

제2차 세계대전 중에는 민간인과 정규군의 구분이 서서히 사라졌었다. 그 증거는, 1949년 제네바 협약이 정규군에 속하지 않고 전쟁에 참여하는 자에 대한 법적 지위를 인정한다는 부분에서 알 수 있다. 단, 지휘관을 식별할 수 있으며 무장되어야 하고, 소속이

7 파르티잔은 무장한 전사로서 정규군이 아니다. 파르티잔이 행하는 전투는 대부분 침략군이나 식민주의자 등에 대한 방어전의 성격을 띤다. 내전이나 기타 국가 내부의 분쟁에서도 파르티잔을 볼 수 있다. 한국에서는 '빨치산'으로 불리기도 하지만, 그 사용 범주가 조금 다르다. 일반적으로 사용되는 비정규부대를 의미하는 '빨치산'과 혼용돼 쓰인다.

눈에 띄어야 한다는 전제하에.

이 조항들은 저항권을 인정하고, 게다가 당신들이 본 것처럼 무장한 파르티잔은 자의적 파르티잔이 아니라 비자발적인 파르티잔이므로, 이는 아주 제한적이기에 크게 관심 끌 만한 것은 아니다. 무장한 파르티잔은 전쟁법의 범주에 속하는 이들로 국가의 본질적 변화에 연관돼 있다는 것을 보여준다.

우리가 지금껏 봐왔듯 법적인 관점에서 엄밀히 볼 때 국가 체제는 영구적인 예외상태에 진입하였고 전쟁법을 폐지하지는 않았지만, 정규전과 내전을 구분할 가능성을 '사실상' 상실했다.

따라서 저항과 내전은 테러행위로 분류된다. 세계대전 이후 처음 등장한 테러리즘은 1961년 육군 비밀 조직(OAS)[8]를 창설한 알제리 주둔 프랑스군 최고 사령관인 육군 장성 라울 살랑[9] 작품이었다는 것을 떠올릴 필요가 있다.

여기서 육군 비밀 조직, 즉 '육군 비밀'이라는 공식 명칭을 곰곰이 생각해 보자. 정규군은 비정규군이 되고 그들은 결국 테러리스트와 다를 바 없다.

장담하건대 우리가 직면한 상황에 관해 궁극적으로 헌법에서 성문화할 수 있거나 그 자체로부터 얻을 수 있는, '저항권'을 빼놓고는 말할 수 없다. 이는 적어도 두 가지 이유 때문이다.

8 알제리 전쟁 말기에 활동한 프랑스 극우 육군 비밀 조직(OAS, Organisation de l'Armée Secrète)를 말한다.

9 살랑(Raoul Salan, 1899-1984)은 프랑스 육군 장성으로, OAS를 창설하는 데 주도적 역할을 했다.

첫째, 내전은 규범화할 수 없다. 지금의 국가는 몇몇 법령을 통한 무기한적인 통치를 위해 법의 안정성 원칙을 송두리째 바꿔 버렸기 때문이다. 우리는 이제 위장된 형태의 내전을 성문화하려는 국가를 보게 될 것이다.

둘째, 현 상황에서 저항은 개인들의 개별 활동이 되어선 안 된다. 저항은 삶의 한 형태가 될 수밖에 없다. 오직 모든 사람이 이 명제에서 자신과의 연결 고리를 이끌어낼 때만이, 진정한 저항이 있을 것이다. 나에게는 결코 없어서 안 될 명제다.

2022년 6월 2일

XX

Angeli e demoni

천사와 악마

역사의 종말과 포스트 휴먼, 포스트 역사 시대가 도래했다는 논의가 계속되고 있다. 이는 인간이란 언제나 인간이 되려는 현실태[1]의 존재라는 걸 망각한 것이다. 다시 말해 인간이 인간으로 존재하는 것을 멈추는 행위, 즉 '인간으로서 죽는 것'을 멈추는 행위 역시 인간성에 대한 논의에 포함된다는 걸 잊은 것이다. 역사의 종말과 관련해 인간의 동물적 본능 혹은 인간성이 완성되었다는 가설은 인간 존재의 본질적인 불완전성을 설명하지 못 한다.

이와 유사한 방식이 신의 죽음에 관한 담론에도 적용된 적이 있었다. 인간이 늘 인간이 되려 하듯, 신 역시 신이 되려는 과정을 언제나 겪고 있으며 단번에 완성되지 않는다. 그런 의미에서 마지막까지 고뇌하였던 그리스도에 대한 신학자 파스칼[2]의 견해를 새겨볼 필요가 있다. 여기서 고뇌는 어원을 따져보면 그리스도 자신의 신성함과 상충되고 갈등 빚는 걸 의미한다. 이런 이유로 그리스도는 죽지 않지만, 계속해서 죽어간다. 이 끊임없는 고뇌 속에 인류 역사의 유일한 의미가 있다는 것을 우리는 망각하고 있는 것 같다.

1 아리스토텔레스(Aristoteles, 기원전 384~기원전 322)의 철학에 등장하는 '현실태(Atto)'라는 개념이다. 아리스토텔레스는 사물이 될 가능성, 즉 '가능태(Potenza)'와 사물이 될 가능성이 실체화되는 '현실태'를 비교하며 사물의 생성을 설명했다. 토마스 아퀴나스(Tommaso d'Aquino, 1225-1274)는 『대이교도대전(Summa contra gentiles)』(1259-1264)에서 하나님이 가능태로 존재하지 않는다고 주장했다.

2 파스칼(Blaise Pascal, 1623-1662)은 위대한 수학자이자 신학자다. 그는 흔히 '명상록'이라 불리는 저작 『팡세(Pensées)』(1670)를 통해 인간성 그 자체의 탐구로부터 시작하여 인간 존재가 얼마나 불안전하고 모순에 차 있는가를 나타내려고 하였다. 아울러 성서의 입장에서

그리고 역사의 종말에 대한 잡담은 인류 역사가 현실태에 있다는 '매우 분명한' 사실을 무시하는 것 같다.

따라서 횔덜린[3]의 마지막 주장에 나오는 영혼은 반만 신이거나, 거의 신이거나 혹은 인간을 초월한 것이다. 역사는 이미 신도 인간도 아닌 존재들로 구성돼 있다. 반신(半神)과 유사 인간이 있는 것처럼, 일종의 '반(半)역사'가 있다. 따라서 역사를 해석하는 유일한 열쇠는 천사학과 악마학이다. 성직자들과 바울 스스로가 속세의 권력을 천사(혹은 악마)라 불렀던 것처럼 말이다. 신 아래 인간과 '유사' 인간의 휴전 없는 투쟁이 끊임없이 펼쳐지고 있다.

현 상황을 말하자면, 지난 2년 동안 우리는 악마들이 전례 없이 잔혹하게 행동하고 있는 걸 목격했다. 그리고 악령 씌운 자들이 이 악마를 맹목적으로 따르며 천사들을 영원히 쫓아내려는 것을 봐왔다. 심지어 악령 씌운 자들이 쫓아내려는 천사들은, 끝없이 추락하기 전 본래 자기 자신이었음에도.

2022년 8월 4일

인간성의 모순을 해명하고 그리스도교의 진리를 변증하는 논술을 저서에 담았다.

3 횔덜린(Friedrich Hölderlin, 1770-1843)은 '시인의 시인'이라는 칭호를 받는 시인이자 작가다. 그는 인간 영혼 깊은 곳에 잠자고 있는 고귀한 신성을 일깨우는 것이야말로 시인의 소임이라 보았고, 신성(神性)의 부활, 이상, 무한성에 대한 동경을 노래했다. 아감벤은 『횔덜린의 광기. 거주하는 삶의 연대기La follia di Hölderlin. Cronaca di una vita abitante (1806-1843)』(2021)이라는 책을 출간할 만큼, 횔덜린 철학에 밀접한 영향을 받았다.

부록

다음은
2021년 7월 이탈리아에서 일어난
백신 접종 증명 반대 운동 당시 온 나라를 들끓게 했던
편지글 두 편이다.

부록 1.

알렉산드로 라 포르테차

11번째 장,
「두 개의 이름」에 발췌 인용된
글의 전문 I

사랑하는 학생들에게

우리는 지난 6월에 '다시 봅시다'라고 인사했지만, 오늘은 9월에도 보기 어렵다고 말해야 할 것 같습니다. 현행 규정이 그대로 유지된다면, 저는 그린 패스를 제출하지 않았기 때문에 정직 처분을 받을 것입니다.

전염병 대처에 관한 제 생각을 여러분에게 숨긴 적은 없지만, 어쩌면 여러분에게는 그린 패스 소지를 거부하는 제가 이상하거나 과잉 행동하는 것처럼 보일 수 있을 것 같습니다.

그러나 여러분의 국어 선생님 혹은 역사 선생님이 수업 중 이야기했던 '일할 자유를 제한했던 증명서'를, 차별받는 사람들의 옷에 수놓였던 수많은 낙인을, 집 뒤편에 꽁꽁 숨어 촘촘한 손글씨로 일기장을 가득 메운 어린 소녀[1]를 떠올려 본다면 제 선택을 이해할 것입니다.

여러분이 "선생님, 그거와는 다르죠!"라고 반박하는 소리가 귓가에 들리는군요. 네, 잘 압니다. 앞선 예들과 똑같지는 않죠. 그러

1 나치를 피해 네덜란드에 피해 일기를 쓴 독일 유대인 소녀 안네 프랑크(Anne Frank, 1929-1945)의 『안네의 일기(Anne Frank Tagebuch)』(1947)를 이야기하고 있다.

나 역사에서 잘못된 것들이 이전과 같은 방식으로 등장하면, 우리는 언제나 그들을 인지했고 방어하는 방법을 알게 되곤 했습니다! 따라서 악(惡)은 같은 방식이 아니라 색을 바꾸고 위장하여 우리를 속이려 합니다.

여러분에게 귀띔하자면, 진정한 선(善)은 보기엔 작고 소박하기 때문에 보자마자 알 수 있습니다.

제가 여러분에게 마스크 없이 자유롭게 숨 쉬며 저와 똑같이 행동할 수 있게 해줬을 때처럼 말이죠. 서로의 시간과 공간을 존중해 주었을 때처럼요. 제가 몸이 좋지 않아 여러분의 이해를 구해야 했을 때처럼요. 여러분의 집 문을 두드리고 허락을 구한 뒤에야 원격 수업을 할 수 있었을 때처럼요.

요즘같이 어려운 때에 저는 더 이상 여러분을 지켜주지 못할 것 같습니다. 그러나 이해해 주길 바랍니다.

제가 그린 패스와 같은 차별 도구를 받아들인다면, 제가 그러고 싶어서가 아니라 그래야만 해서 그랬더라도 저 역시 공범이 되는 것입니다. 그렇다면 저는 여러분에게 가르칠 것이 아무것도 없게 됩니다. 종교·민족·피부색 혹은 성적 취향도 아닌 개개인의 선택과 신념에 따른 차별의 도구가 될 테니까요.

저는 백신을 맞아야만 한다는 확신이 들 때 맞을 것입니다. 식당·공연장 등 어딘가를 가기 위해서는 절대 맞지 않을 것입니다. 직장 내 자리 보전을 위해서도 마찬가지입니다. '사람은 빵으로만 살지 않는다'를 기억합시다. 책에는 또 이런 글들도 있습니다.

"들에 핀 백합화가 어떻게 자라는지 살펴보아라. 고단해하지도 자아내지도 않는다. 내가 너희에게 말하노니, 솔로몬의 모든 영광에도 이 꽃 중 하나와 같이 옷을 입지 못하였더라."[1]

"그리고 주님은 더 확실하고 더 커다란 것을 준비하지 않는다면 결코 자녀의 기쁨을 방해하지 않으신다."[2]

1 『마태오의 복음서(The Gospel According to Matthew)』 6장 28절 내용이다. 대한성서공회에서 만든 마태복음의 해당 구절에 대한 번역은 다음과 같다. "또 너희가 어찌 의복을 위하여 염려하느냐. 들의 백합화가 어떻게 자라는가 생각하여 보라. 수고도 아니하고 길쌈도 아니 하느니라."

2 이탈리아 근대 소설의 아버지 만초니(Alessandro Francesco Tommasso Antonio Manzoni, 1785-1873)의 대표작 『약혼자(I promessi sposi)』(1827) 8장에 나오는 문장이다.

언젠가 제가 백신 맞을 결정을 하거나 코로나 검사를 받을 필요가 있다고 생각한다 해도 저는 저의 개인적 선택을 위해 그린 패스를 강요하지 않을 것입니다. 다른 선택을 한 사람들에게 결코 차별의 원인이 되어선 안 됩니다. 양심의 회개가 일어나야 합니다. 우리가 정복해야 한다고 믿는, 슬픔과 치욕으로 이어지는 위험한 산길을 단념하길 바랍니다. 그러면 우리는 다시 서로를 끌어안고 마치 나쁜 꿈에서 깨어난 듯 함께할 겁니다. 저는 여러분에게 "여러분, 다음 시간에 봅시다!"라고 말하게 될 순간이 올 겁니다.

여러분들의 선생
알렉산드로 라 포르테차

부록 2.

안드레아 캄페리오 치아니

11번째 장,
「두 개의 이름」에 발췌 인용된
글의 전문 Ⅱ

동료 총장에게

안드레아 캄페리오 치아니. 자유로운 파도바대학교라고 불리는 곳의 정교수인 저는 그린 패스가 강의 진행을 위한 필수 요건이라는 교칙에 따라 공식적으로 선언합니다. 이탈리아 대학 및 연구부 장관 마리아 크리스티나 메사와 보건부 장관 로베르트토 스페란자에게 알립니다. 저의 그린 패스를 당신들에게 드리면서, 명예와 존엄을 반납합니다. 또한 '진화심리학'·'유전자 정신과 사회적 행동'·'동물과 인간 행동' 강의 폐강과 교수직 해임·급여 지급 정지 처분을 받아들입니다.

저는 제 말에 책임을 지고, 파도바대학교 교수 면직에 관한 조치를 기다리겠습니다.

제가 믿는 자유주의·민주주의 정신이 우리가 자유로운 대학이라 믿었던 곳에서 당원증, 파시스트 혹은 그린 패스로 인해 뿌리뽑혔다고 말하고자 합니다.

저는 파시스트당에 가입하지 않으려고 밀라노대학 해부학 교수직을 사임한 코스탄조 제노니의 증손자입니다. 애국을 위해 몸 바친 선조들과 영웅들, 사상가들을 통해 저는 대학이 자유와 민주주의의 원칙을 지녔다고 착각했습니다. 그러나 이제 그렇지 않다는 걸 깨닫고 책임을 지고자 합니다.

저는 300여 년 전에 시민이 국가로부터 자유를 포기한 만큼 개인의 자유를 어느 선까지 유지할 수 있는지를 논의한 홉스의 사회계약설을 상기하고자 합니다.

저는 개인에 대한 자유의 존중을 명분으로 선언합니다. 제가 동의하지는 않지만 그 의견을 존중하는 특정 종파를 포함하여, 두려움으로 혹은 잘못된 정보로 백신을 맞지 않은 사람 모두를 지지합니다. 백신을 거부하는 사람들을 차별하는 건 자유를 침해하는 몽매한 행동입니다. 따라서 저는 제 소임을 다하고 해고 명령을 기다리고 있는 걸 자랑스럽게 생각합니다.

어떤 이유에서든 자유 만세
굳은 믿음으로
안드레아 캄페리오 치아니

우리는 어디쯤에 있는가!

이탈리아 철학자 아감벤은 코로나 팬데믹 이후, 이 시대의 가장 논쟁적인 철학자로 꼽힌다.

그의 글이 수많은 논쟁을 불러일으킨 데는 크게 두 가지가 작용했을 것이다. 첫째, 아감벤이 생명정치에 관해 현시대에 가장 권위 있는 학자 가운데 한 명이란 점이다. 그는 팬데믹 사태 훨씬 전부터 푸코의 생명정치를 확장하여, 근대 국가에서 재현되는 예외상태와 호모사케르 등의 개념을 정립했다. 이를 통해 그는 근대 민주주의의 속성을 고찰했으며, 수십 년간 현대 사회에서 생명과 정치, 주권의 상호 관계와 정치 체제가 어떤 패러다임으로 구성되고 있는지 면밀하게 분석했다. 현상에 그의 대한 통찰, 생명정치에 대한 분석은 팬데믹 시대를 꿰뚫는다. 모두가 알듯 2020년부터 지금까지 인류는 생명정치를 체감하고 있다. 이론이 아닌 실재로 말이다.

둘째, 즉시성이다. 아감벤은 시대 담론을 비판하는 데 주저하지 않았으며, 그의 글은 시의성을 띠고 즉각적인 반응을 불러일으켰다. 시시각각 급변하며 진행 중인 팬데믹 상황을 그는 정치철학적으로 사유하고, 글들을 정리해 쿠오드리베트 출판사 웹사이트에 바로바로 공개했다.

이는 쿠오드리베트 출판사의 설립 배경과 관련있다. 쿠오드리베트 출판사는 철학과 수필은 물론 문학·예술비평·건축 등 인문학 전반을 다룬 책을 낸다. 설립 연도는 1993년이지만, 시작은 1988년으로 거슬러 올라간다. 당시 46세였던 아감벤은 마체라타 대학교(Università degli Studi di Macerata) 미학과 교수였다. 발터 벤야민 연구로 이미 학계에서 주목받고 있었다. 젊고 열정적인 아감벤에게는 많은 제자가 모여들었고 차츰 한 무리의 그룹이 형성됐다. 그들은 벤야민뿐 아니라 레비스트로스·레비나스·후설·스피노자 등 대학자에 관하여 아감벤과 함께 탐구하고 글을 쓰기 시작했다. 그들 중에 1993년 쿠오드리베트 출판사를 설립한 지노 지오메티(Gino Giometti)와 스테파노 베르디키오(Stefano Verdicchio)도 있었다. 당연히 아감벤이 이 조직의 중추적인 역할을 할 수밖에 없었다. 이 출판사의 주요 저자 역시 아감벤이다.

'쿠오드리베트(Quodlibet)'라는 사명도 의미가 남다르다. 라틴어로 '아무나, 임의로'를 의미하지만, 어느 것이나 '좋을 대로'를 뜻하기도 한다. 음악 영역에서 쿠오드리베트는 둘 이상의 멜로디가 결합해 하나의 곡으로 완성되는 형식을 칭한다. 아감벤의 저서 『도래하는 공동체(La comunutà che viene)』(1990)에도 중세 스콜라 철학자들의 발언한 가운데 '쿠오드리베트'에 대한 문구가 나온다.

> "임의의 존재는 하나요, 참되고 선하며 또한 완벽하다."
> Quodlibet ens est unum, venum, bonum seu perfectum

쿠오드리베트는 과거 신학대학에서 학생들이 스스로 선택한 주제에 관해 1년에 두 차례 토론하는 문화를 칭했던 쿠오드리베타(quodlibeta)와도 연관 있다. 스스로 말하고자 하는 주제와 관점을 자유롭게 드러내고 공개 토론을 하는 것, 다시 말해 현재성 있는 인문학적 담론의 장을 만들려는 게 쿠오드리베트와 아감벤이 지향하는 바다. 창립자 지오메티는 그들의 출판 철학을 이탈리아 언론과의 인터뷰에서 밝혔다.

"저희가 출판사 사명으로 고른 단어는 '무관심'이나 '중립'을 의미하는 게 아닙니다. 선택 기준이 분명하다는 점을 말하고 싶네요. 저희가 추구하는 글들은 현재 사건을 다루고, 예기치 못한 통찰을 독자들에게 제시하는 것입니다."

『저항할 권리』 역시 『얼굴 없는 인간』과 마찬가지로 이러한 쿠오드리베트와 아감벤의 지향점을 담은 책이다. 팬데믹으로 수많은 희생자가 속출하는 와중에 '마스크 착용 의무를 거부한다'는 단편적이고 자극적인 문구가 아감벤의 고찰을 폄하한 것을 독자들도 이제 다 알 것이다. 현시대의 거의 모든 사상가·의사·법학자들이 그를 반박하며 지나친 '노파심'을 부린다고 지적했다. 그래서 이 책의 전작인 『얼굴 없는 인간』은 전체 사유 가운데 그저 파편에 불과한 하나의 글만 읽고 오독하지 않도록 전체 글이 긴 호흡으로 읽히도록 구성했다. 이번 책 『저항할 권리』도 마찬가지다.

두 책은 구성 면에서 비슷하지만, 알맹이만큼은 확연히 다르다. 『얼굴 없는 인간』은 바이러스의 급격한 확산과 그로 인한 대혼란 과정에서 드러난 문제점, 침묵해야 했던 인간성에 대한 고민을 다뤘다면 『저항할 권리』에서는 '포스트 코로나'에 대한 고찰을 담았다. 특히 이번 책에서는 백신 접종과 그린 패스 의무화 등 팬데믹 사태가 진전되면서 공고화된 '뉴노멀'을 꿰뚫는다. 전작에서 '인문'학적인 분석에 집중했다면, 후속작인 이 책은 아감벤이 던지는 '경고'의 메시지가 보다 선명하다.

첫 번째 글 「밤은 무슨 색인가」는 『얼굴 없는 인간』의 마지막 글인 리히텐베르크의 예언과 연결된다. 코로나 확진자 수를 기준으로 지역을 색깔로 구분 짓는 이탈리아 정부의 행정 명령을 비판한다. 다음 글 「전쟁과 평화」에서는 우리가 평화라고 착각하고 있는 현상을 탐구하며 불편한 진실을 들춰낸다. 이어지는 글은 시민에게 백신 접종을 강요하고 사회·경제 활동 범위를 강제하는 정부의 조치를 파시스트와 나치스트의 사례와 비교한다. 「얼굴과 죽음」에서는 산 자와 죽은 자의 얼굴의 중요성을 고대 로마의 역사적 사실을 인용해 설명한다. 가장 충격적인 글이자, 아감벤의 냉철한 현시대 분석을 엿볼 수 있는 글은 「인류와 레밍」이다. 절벽에서 집단자살로 생을 마감하는 레밍이라는 종에 인류의 현재 모습을 은유한다.

올해로 여든이 넘었지만, 아감벤의 행동은 거침 없다. 행동하는 지식인이란 무엇인지 여실히 보여준다. 이탈리아 상원 헌법위원회와 카 포스카리 베네치아 대학 학생들 앞에 나선 그는 어떤 사안이든 인간은 '얼굴'을 들고 목소리를 내야 한다고 주장한다. 이는 「저항권에 관하여」에 집약돼있다.

아울러 저항권이 부재한 사회가 지닌 필연적인 문제점들을 「예외상태와 내전」에서 다룬다. 현 상황에서 아무것도 하지 않는다면 여전히 우리를 역사 속의 '인간'이라 부를 수 있는지, 천사가 된다는 착각으로 결국 악마가 될지 모른다는, 섬뜩한 메시지를 마지막 글인 「천사와 악마」를 통해 전한다.

아감벤은 이 모든 경고가 결국 철학의 언어이고 시어라고 한다. 「옴이 있는 곳을 긁게 만들어라」에서 단테와 브레히트를 인용하며 철학의 언어와 시어를 말하고 쓰는 것이 철학자와 시인의 의무이자 역할이라고 강조한다. 그러면서 약도 백신도 아닌 철학의 언어, 시어가 인간 존재를 밝히는 마지막 성냥이라고 외친다.

그리고 이 책에는 실리지 않았지만, 2022년 8월 23일 공개한 글 「말은 누구를 대상으로 하는가?(A chi si rivolge la parola)」에서 아감벤은 '시는 누구를 대상으로 하는가?'라는 질문에 대한 답으로 그 역할을 말한다.

"시는 누구를 대상으로 하는가?

시를 이해하는 건 사람이 아니라, 필요 그 자체라는 것을 이해할 때만 이 질문에 대답이 가능해진다.

[…]

시는 모든 글을 오가며 계속 여행하도록, 읽을 수 없는 곳으로 우리를 되돌려 준다."

아감벤은 불편한 진실 혹은 진실인지 거짓인지 확인하기 두려운 거북한 무언가로 우리를 끊임없이 몰아세운다. 우리는 아감벤의 언어를 통해 인간이 진보와 번영이라는, 순전히 인류애적 가치만 지향하며 모른 척해 온 무언가를 마주한다. 그래서 아감벤의 글은 구체적이라기보다 추상적이다. 아감벤은 백신에 대한 설명, 현 상황에 맞는 성공적인 방역 수칙 혹은 사회적 대안은 언급하지 않는다. 인류에게 따스한 위로의 말도 건네지 않는다. 혹자는 이를 들어 비판한다. 그러나 그의 메시지는 '무조건'이 전제되는 사회와 정치의 위험성을 강조하고 획일화된 인류를 향해 경종을 울리는 데 있다.

이 책에 부족한 점이 있다면 온전히 역자의 책임이다. 시어와 철학 용어를 넘나드는 아감벤의 글을 번역하는 것은 늘 어려운 도전이다. 꼼꼼히 글을 읽고 도움을 준 효형출판 식구들과 언제나 응

원해 준 가족에게 고맙다고 말하고 싶다. 어느 나라에도 출간된 적 없는 글을 한국에서 가장 먼저 나올 수 있도록 허락해 준 아감벤에게 감사의 말을 전한다.

2022년 9월
박문정

저항할 권리

우리는 어디쯤에 있는가

1판 1쇄 인쇄 | 2022년 9월 15일
1판 1쇄 발행 | 2022년 9월 30일

지은이 조르조 아감벤
옮긴이 박문정

펴낸이 송영만
디자인 자문 최웅림
편집위원 송승호
책임편집 송형근

펴낸곳 효형출판
출판등록 1994년 9월 16일 제406-2003-031호
주소 10881 경기도 파주시 회동길 125-11(파주출판도시)
이메일 editor@hyohyung.co.kr
홈페이지 www.hyohyung.co.kr
전화 031 955 7600 | 팩스 031 955 7610

ISBN 978-89-5872-207-6 93300

값 14,000원